Baoshan
The Huangpu River
Estuary Tales

淞滨漫话

潘真 编著

海派文化地图

The Map of
Shanghai-style
Culture ·宝山卷·

主编 丁大恒

上海交通大学出版社
SHANGHAI JIAO TONG UNIVERSITY PRESS

内容提要

地处黄浦江和长江交汇点的宝山，是长江第一门户、浦江风景第一线，上海的"水路门户"。

宝山历史悠久，文化底蕴深厚。明代宝山因商起源，见证了中国航运的兴盛。清朝、民国两次吴淞开埠，拉开了上海近代产业发展的序幕，奠定了宝山对外开放前沿的地位，也给宝山留下了"百年开埠、百年工业、百年市政、百年军事、百年教育"的美称。新时期钢铁实业的发展，带动了宝山综合实力和城市面貌的跨越。

《淞滨漫话》，钩沉这片土地上日渐远去的往事逸闻……

图书在版编目(CIP)数据

淞滨漫话 / 潘真编著 . ——上海：上海交通大学出版社，2018
（海派文化地图）
ISBN 978-7-313-20779-1

Ⅰ．①淞… Ⅱ．①潘… Ⅲ．①地方文化 - 介绍 - 宝山区
Ⅳ．① K295.13

中国版本图书馆 CIP 数据核字（2018）第 297227 号

淞滨漫话

编 著：潘 真		地 址：上海市番禺路 951 号	
出版发行：上海交通大学出版社		电 话：021-64071208	
邮政编码：200030			
出 版 人：谈 毅		经 销：全国新华书店	
印 制：上海锦佳印刷有限公司		印 张：14	
开 本：710mm×1000mm 1/16			
字 数：122 千字			
版 次：2018 年 12 月第 1 版		印 次：2018 年 12 月第 1 次印刷	
书 号：ISBN 978-7-313-20779-1/K			
定 价：65.00 元			

《淞滨漫话》

编委会

主　任

丁大恒

编　委

张晓静　沈天柱　王兆钢

李　明　郭廷育　陈贤明

谭雪明

主　编

丁大恒

序一

重绘海派文化的地理版图

柴俊勇

海派文化的地理版图究竟能画多大？

有人说，海派文化的兴起，源自上海 170 余年前的开埠……而从有关史料来看，四千年前即有一支河南东部移民迁徙上海，进而促使中原文化导入江南地区的这类文化融合的现象，或早已经为这个六千年前成陆的地域的文化，种下了"海派"的基因。而今天的海派文化，除了其发源地——上海以外，正在以 Shanghai-style 的文化姿态，影响着江苏、浙江、安徽乃至全国和海外……

上海，地处长江入海口，她背靠的是历史悠久的长江文明，前方则是浩瀚无垠的海洋文明，加上其是中国海岸线的南北中心点，地理优势可谓得天独厚。五方杂处，东西交融，既植根于中华传统文化，融汇着中国其他地域文化的精华，又凭借了开埠百余年的历史进程，吸纳了多国文化质素的上海，久而久之造就了"海纳百川、追求卓越、开明睿智、大气谦和"的城市精神与特有的文化性格。

上海境内的每个区或多或少都保留了能体现海派文化特色的原汁原味的历史遗存，同时，仍在不断积累、沉淀着和兴起海派文化的新思潮、新创造、新成就，同时海派文化亦正在向世界吞吐着印有上海印记的品牌、文学、影视、科技、医疗、教育……这些真实而鲜活的文化现象，为在新的历史时期开展关于海派文化的整体研究，整理海派文化的历史渊源，重绘海派文化的地理版图，描摹海派文化的未来走向，奠定了充满活力、赋予意义的源泉基础。

习近平同志在上海工作期间指出：虹口是海派文化的重要发祥地。"弘扬海派文化品格……加快建设上海国际文化大都市"是中共上海市委《关于制定上海市国民经济和社会发展第十三个五年规划的建议》中的表述。该"建议"对海派文化没有就事论事，而是以"海派文化＋"的方式，以弘扬"品格"为基调，揭开了五年"加快建设上海国际文化大都市"的序幕。在中共上海市第十一次代表大会报告中，中共上海市委主要领导则进一步描绘了上海作为"人文之城"的未来愿景——"中外文化交相辉映，现代和传统文明兼收并蓄，建筑是可阅读的，街区是适合漫步的，公园是最宜休憩的，市民是尊法诚信文明的，城市始终是有温度的"。在此不久前，市领导指出："必须下更大决心、花更大力气保留、保护更多历史建筑，保留、保护更多成片历史建筑风貌区""精心保护历史文脉、用心留存文化记忆"以及"以城市更新全新理念推进旧改"，从"拆、改、留并举，以拆为主"，转换到"留、改、拆并举，以保留、保护为主"，同时"努力改善旧区居民的居住条件"。这似乎是对"建筑可阅读、街区可漫步、城市有温度"等的一种实践指南。

"文化"必须具备传承性、渗透性、共识性、延续性，"四性"缺一不可。海派文化以"开放包容、中西合璧、多元交融，精耕细作"的文化特征与品格，影响了世世代代的上海人，也向全国和世界展示上海独特的文化品格。"上海要在 2040 年成为卓越的全球城市，必须把文化发展放在城市功能和核心竞争力提升的重要位置。未来城市不会仅凭科技、制造业或金融等单一的优势立市，而是主要表现为线上与线下、技术与实业、传统与创新、过去和未来的融合、功能综合，市民精气神展示等特征，背后则是文化在起推动作用乃至决定性作用。文化大都市建设任重道远，上海作为我国改革开放排头兵、创新发展先行者，对外开放桥头堡，在文化建设上一直走在全国前列，在未来五年以及未来很长时间内，上海文化建设始终要体现国际水准、中国特色、上海精神，以此推动上海成为一座有底蕴、有质感、有脉搏的，传承过去、面向未来的人文之城。"

我们"弘扬海派文化品格"，要的是中华优秀传统文化和与世界优秀文化深度融合与创新的作用与作为，要的是海派文化如何潜移默化地影响和渗透上海的未来发展；要的是市民如何具备海派文化品格，提升文化素养，展现城市精神的点点滴滴，要的是在中国文化日趋开放的环境下如何展现中国"远东第一大都市"的魅力，让来到上海的移民与游客喜欢上海、融入海派文化……

我们感到，源远流长的海派文化内涵丰富，作用领域广泛，对于推动建设上海国际文化大都市意义重大。弘扬海派文化，必须绘制好海派文化的地理版图，只有让人们更多地了解身边的上海，才能更加爱上海这座城市。而要真正做到这点，必须充分发挥上海各区的资源优势和基础作用，发挥民间对于海派文化发展的积极作用，并鼓励社会力量以各种形式参与共同推动海派文化的传承发展。同时，进一步完善政府在培育、发展海派文化方面的政策扶持与工作举措。

此番编辑出版的"海派文化地图"丛书，由市政协领导和相关专委会共同牵头，并得到了各区政协的大力支持。丛书共分为17卷，其中16卷分别介绍16个区的海派文化资源特色和与海派文化有关的知名人物等，每一卷，将结合各区地域特色，阐述海派文化在区境内的发源、流布、传承、发展、复兴的历史轨迹和地理分布，说明海派文化的作用领域和对今世的意义。1 卷则为上海海派文化地图丛书的精选集。

希望这套丛书，能让市民与游客更多地发现和体验身边的海派文化，在品读书卷和行走城市之间，领略上海的都市风情和日新月异的变化，发现上海和海派文化的魅力。

2017 年 7 月 18 日

（国家行政学院兼职教授、上海开放大学公共管理学院首席教授）

序二

说海派文化特质

熊月之

依山多仁，傍水常智，乡处者多厚重，城居者常机灵，环境移人塑人，古今中外概莫能外。

近代上海由于国际国内多种因素错综复杂的作用，由一个普通沿海县城，迅速成长为中国特大都市。其政治架构一市三治，公共租界、法租界、华界各行其政，各司其法，互不统属，为寰宇之内绝无仅有。其经济体量异常巨大，工业、外贸、金融常占全国一半以上，人口众多且结构独特，五方杂处，中外混处，且流动频繁，既不同于荒僻的乡村山寨，不同于西安、北京等内地城市，也不同于广州、福州等沿海城市。与此相一致，其文化亦戛戛独造，出类拔萃，居民行事风格、价值观念、审美情趣，每每卓尔不群，与众不同，惹来路过者、访问者、风闻者、研究者一阵又一阵评论，或赞叹，或羡慕，或讥刺，或诅咒，或兼而有之，关键词都是：海派！海派！

海指上海，海派即上海流派。以地名作为地域文化流派之名，使其名实一体，与他处相区分，本是人们讨论、研究地域文化之惯例，古人即有南派、北派之区分，明清以来又有岭南、燕北、浙东、湘西等说法，其内涵多无褒无贬。惟海派之名诞生于近代，所涉城市为内涵极其复杂、褒贬不一的上海，故"海派"之名自始即颇多歧义。海派书画、海派京剧、海派服饰、海派文人，其抑扬意味在各领域并不一致。但是，寻根溯源，综核名实，异彩纷呈之海派表象背后，确乎有其统一的海派内核。任伯年等人的写实通俗画，吴友如等人的社会风情画，郑曼陀、杭稚英等人的月份牌广告，刘海粟的使用人体模特儿，周信芳等人的改良京剧、连台本戏、机关布景，刘雪庵等人所作风靡一时的《何日君再来》《夜来香》等歌曲，《礼拜六》等报纸期刊连载的言情小说、黑幕小说，凸显女性曲线的旗袍，适应复杂人群口味的改良菜肴，既吸收江南民居内涵、又适应集约型利用土地要求的石库门建筑，表现形式各有不同，或为绘画、戏曲，或为音乐、文学，或为服饰、饮食、建筑，但都有以下四个共同点，即趋利性或商业性、世俗性或大众性、灵活性或多变性、开放性或世界性。最根本的一点是趋利性，其他大众性、灵活性与开放性的基础仍是趋利。因为趋利，所以绘画要迎合普通买主的胃口，画通俗、写实等喜闻乐见的内容，画时装美女、麒麟送子、八仙过海。因为趋利，所以要改良各地移到上海的菜肴，改造各地传入上海的戏曲，以适应来自五湖四海移民的需要。因为趋利，所以要写普通民众喜闻乐见的小说、歌曲，要演有趣好看、吊人胃口的连台本戏，写跌宕起伏、引人入胜的连载小说。因为趋利，所以房屋既要让居住者舒适，又要提高得房率，使大房东、二房东更多获利，联排式便广受欢迎。因为趋利，所以要不断花样翻新，不断追逐世界潮流，不断制造时尚。于是，美术、音乐、戏曲、小说等文学艺术不再单纯是传统意义上文以载道的工具，房屋也不能如乡村那么宏阔气派，而要适应市场、迎合市场、创造市场、扩大市场。

通过趋利性、世俗性、灵活性与开放性所反映出来的海派文化，其本质是在全球化背景下、人口高度集聚、以市场为资源配置根本途径、以满足最广大人民群众根本需要为旨趣的城市文化。

海派文化不限于上海，但以上海为早、为多、为甚，其影响也以上海为圆心，一圈一圈向外扩散开去。海派文化之形成，原因有许多方面，其中特别需要强调的有两点，一是江南文化，二是移民人口。

江南自唐代以后，就是中国经济、文化最为发达的地区，其经济结构、文化风格，有不同于北方的鲜明特点：其一，重商，商品经济相当发达，商人地位大为提高。宋代以后，棉、丝、盐、茶在江南经济中已占有相当高比例。明代江南，已经形成一个多样化、商品化和专业化、有着充分市场机会的经济结构。宋代以后，江南地区传统的士—农—工—商的顺序，实质上已经变成士—商—农—工，亦儒亦商、商儒合一家族在江南所在多有。元代以后，江南与国际市场已有广泛而密切的联系。其二，市民文化有了很大发展。反映追求声色货利的小说、传奇、歌谣、戏曲长盛不衰，《三言》《二拍》等公开言情言性的小说多为江南文人所作，所表现的思想、格调与官方倡导的意识形态大异其趣。其三，行为偏离正统。不守传统规矩，逾分越矩，讲究吃穿，讲究排场，奢侈成风，追求新奇，在江南已是普遍现象，上海地区尤为突出。最具标志性意义的是明代上海陆家嘴人陆楫，竟然专作奢侈有益论，系统论述传统的崇俭恶奢观念并不正确，认为禁奢崇俭并不能使民富裕，而适度奢侈倒能促进经济繁荣，对于社会发展有积极意义。这是中国古代经济思想史上一朵瑰丽的奇葩。上海本为江南一部分，近代上海人虽说来自全国各地，但绝大部分来自江南。所以，上海文化底色就是江南文化。

近代上海城市人口80%以上来自全国各地，还有一部分来自外国。本地人口少，移民人口多，便使得本地文化对由移民带来的外地文化排斥力、同化力不强，这为外来移民在上海立足、发展提供了难得的土壤。这一移民社会呈现高度的异质性、匿名性、流动性与密集性。在这里，传统熟人社会士绅对人们的道德约束机制荡然无存，个人能力的释放获得空前的自由与巨大的空间。晚清竹枝词中有一句话："一入夷场官不禁"，其实，不光"官不禁"，民也不禁。于是，个人安身立命的资本便主要是能力而不是家世，维系人际关系的便主要是契约而不是人情。于是，重利、竞争、好学、崇洋、灵活、多变、守法、包容等，便成为突出的社会现象，成为海派文化的重要符号。

还在民国时期，已有学者将海派文化作为上海城市文化的综合指称，高度肯定海派文化的丰富内涵与正面价值，认为上海在引进新思想、引导新潮流、引领现代化方面，担当了领导中国前进的"头脑"角色："一切新兴的东西，物质的，精神的，都由上海发动，然后推到全国去。虽然所谓新文化运动的五四运动发源于北京，一九二六年国民革命军发难于广东，可是上海仍是中国工、商、经济、文化、出版界的中心。从物质文化方面看，从非物质文化方面看，上海都是中国的头脑。"[1] 还有学者认为，"在文化上，上海和西洋文明接触密切，所以洋化气味较重，同时由于历次政治革命的激动，文化革新运动也随之勃发，所以海派的文化作风是好谈西洋文物，崇尚创新立

[1] 高植：《在上海》，《大上海》半月刊，1934 年第 1 期。

异"，[1]认为"做上海人是值得骄傲的，因为上海一切开风气之先，今后中国需要新的建设和新的作风，而在上海首先创导这种新建设和新作风"。[1]人们还对海派文化如何扬长避短、创新发展进行了讨论，提出"培养我们的海派新风气，发挥我们海派的新力量"。[1]

江南文化本是魏晋以后由南方吴越文化吸收、融合了北方中原文化的某些成分而形成的，而海派文化则是由江南文化吸收、融合了西方文化的某些成分而形成的。在传统与现代、中国与世界、乡村与城市等相互联系的背景下看海派文化，可以清晰地看出，海派文化是中国的南北文化结晶品与近代西方文化的化合物，是城市化过程中的中国文化。在这个意义上，说海派文化代表了中国先进文化的前进方向，一点都不过分。

任何文化都兼具地域性与时代性。海派文化在不同时期，虽有一以贯之的内涵，也在不断地新陈代谢，有因袭，有创获，有损有益。不断地损益、代谢、嬗变，正是海派文化保持青春活力的根本特性。2015年，中共上海市委关于"十三五"规划建议中指出，上海要"传承中华文化精髓、吸收世界文化精华、弘扬海派文化品格"，将上海建成国际文化大都市。

---

[1] 姜豪：《海派新作风的培养》，《上海十日》，1946年第2期。

这是一个立意高远的愿景，也是一个涉及很广、难度很高的宏大课题。海派文化既涉及观念形态，也涉及物质层面，涉及文化创造、生活方式、价值观念、审美情趣等诸多方面。弘扬的前提是调查、梳理、研究。"海派文化地图"丛书，定位于可供新老上海人和国内外游人自助行走的海派文化体验全书，为上海传承传播海派文化发挥积极作用。按区域分卷，述其特点，明其流变；既有基于历史文献的理性分析，也有得自当下调查的新鲜知识。执笔者均为长期生活于上海、沉潜于上海文化研究、学养丰厚的作家，所作内容丰富，风格清新，文笔生动，加以图片精美，令人一旦展阅，便不忍释手。

可以相信，这套丛书的出版，对于新老上海人了解上海、熟悉上海，一定会起到导航指路的作用；在海派文化研究史上，也一定会留下浓墨重彩的一页。

是为序。

2017 年 7 月 21 日

（上海历史学会会长、上海社会科学院研究员、复旦大学特聘教授）

Contents
目　　录

目录

The Map of

Shanghai-style Culture

The Map of Shanghai-style Culture

海 派 文 化 地 图

"宝山"得名于人造山

明代永乐十年（1412年）前，"宝山"作为一座山尚无影子；清雍正二年（1724年）前，"宝山县"也并不存在。

明末清初学者顾炎武所撰地理名著《天下郡国利病书》，

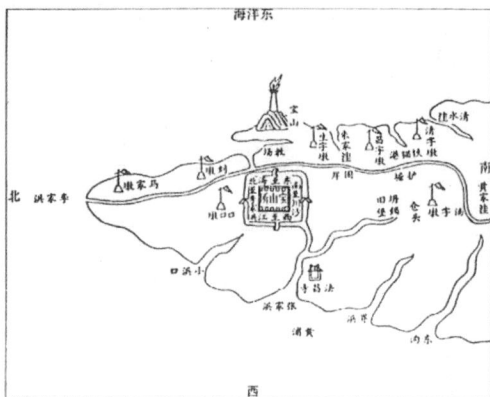

明万历三十三年（1605年）《嘉定县志》宝山所图

节录明《嘉定县志》总结的嘉定人民从明永乐十四年（1416年）至嘉靖四十五年（1566年）防倭抗倭作战经验："……故寇舶自外海而来，以洋山为入犯之的，必至此而后分綜。若直至崇明，则诸沙错落，沿袤三百余里，暗涂相贯，有若为华、夷之限者。惟有三爿高家一路可以通舟，而不可重载。惟此一路，宽深可行，无有壅碍（宝山之外，沿海有杨家路者是也）。而竹箔一沙横亘其外，隐然为之外护焉。国初海运，特筑宝山以为准的，盖为此也。故竹箔之南，吴淞之要道也；

竹箔之东，刘家河之门户也。若设重兵于此防守，贼岂惟不能侵犯内地，虽二江之口亦得息肩矣。"另据民国《崇明县志》记载："永乐初，平江伯陈瑄督海运，由吴淞江出口，绕崇明三沙门至京及辽东。"可见，修"宝山"是为了解决当时吴淞口和刘家港航运的安全问题。

中国定期由南向北从海道运输，始于元朝至正十九年（1282年），都是从刘家港（今浏河镇）起航的。百余年过去，海运日益繁忙，但从未修筑航海标志。明永乐元年（1403年）起，海运、河运并举。由于运河有几段淤塞不通，须中转陆运；海运仅靠刘家港，也难以满足。

陈瑄像，取自明代《三才图会》

永乐二年（1404年），户部尚书夏原吉疏浚范家浜（今黄浦江外白渡桥至复兴岛段），引大黄浦之水经范家浜注入吴淞江，形成黄浦—范家浜—吴淞江新的江水出海通道。吴淞口成为黄浦江口，新河道水流充足，弯度减少，使得流速加快，激流日夜冲刷，河道渐宽，河床渐深，泥沙难以淤积，成为一条大川，航运能力大大增强。为减轻刘家港的压力，部分粮船开始由吴淞口起航。

当时隶属于嘉定县的吴淞口一带，滨江临海，既是海运要口，又是海防要冲。吴淞口外，海域辽阔，浩渺无垠。东南沿海北运京城的漕粮船和进出的海船，因没有航行标志，安全难以保障。永乐九年（1411年），负责督运漕粮的平江伯陈瑄向朝廷奏请，在兵防驻地清浦旱寨沿海地段（今浦东高桥镇）建造一座土山，作为航运标志。

安徽合肥人陈瑄，于建文末年率水军在浦口迎降燕王朱棣。朱棣当上皇帝（即明成祖，年号永乐），即封他为平江伯，委派他为总兵官，负责总督海运。陈瑄屡屡率部打退倭寇的侵扰，主持海运十余年之久。

次年，奏请获朝廷批准。陈瑄带领旱寨及海运将士，不到10天，就在清浦寨东北15里处

宝山烽堠碑俗称永乐碑，为明永乐十年（1412年）明成祖朱棣所立

建成了四面各长百丈、
高三十余丈的一座土山，
山上遍植树木花竹，山
顶建烽火台，白天燃烟，
夜间点火。海运将士和

永乐御碑

当地百姓欢喜地称之为"宝山"。

人造山虽距海 30 里，但目标明显，为海运漕粮船舶和郑
和下西洋的船队提供了安全保障，当之无愧是中国海运史上的
第一座航标。

明成祖对在沿海地段造山一事非常看重，很快亲自撰写碑
文，将人造山正式命名为"宝山"。从此，这个地方就叫"宝山"
了，声名传开，越传越远。清浦旱寨也随之改名为"宝山所"。

明永乐御碑亭

　　万历四年（1576年），在"宝山"西麓另建宝山堡城。万历十年（1582年）七月，"宝山"被大海潮冲毁，坍入海口；宝山堡城也被冲毁，于清康熙八年（1669年）全部坍入海中。还好，宝山御碑因树立在离海较远的清浦镇东西桥堍，得以幸免，被迁到今高桥中学内。康熙三十三年（1694年），在旧城西北6里处重新筑宝山城，残迹至今尚存于高桥海滨村。

　　清雍正二年（1724年），嘉定县分出东境依仁、守信、循义、乐智4乡所属的13个部的全部或部分建立新县，定名为宝山县，与嘉定县同城而治。宝山县定名时间，据《大清历朝实录》世宗实录卷二十四记载，由此始；而乾隆、光绪《宝山县志》记载为雍正三年（1725年）。雍正三年核准分治，宝山县以吴淞所城为县治所在，隶江苏布政使司太仓直隶州。

宝山堡城遗址

"黄浦口"，吴淞口

　　吴淞口，在黄浦江与长江汇流处，是黄浦江的入海口。那为何不叫"黄浦口"呢？

　　原来，苏州河最早叫吴淞江。上海开埠后，外国人发现可以乘船沿着这条河抵达苏州，便称之为苏州河。但在中国官方文书中，吴淞江这个大名一直没更改。不过根据习惯，以北新泾为界，北新泾以西为吴淞江上游，当地人叫吴淞江；北新泾以东为吴淞江下游，进入上海市区，上海人叫苏州河。黄浦江

苏州河原名吴淞江

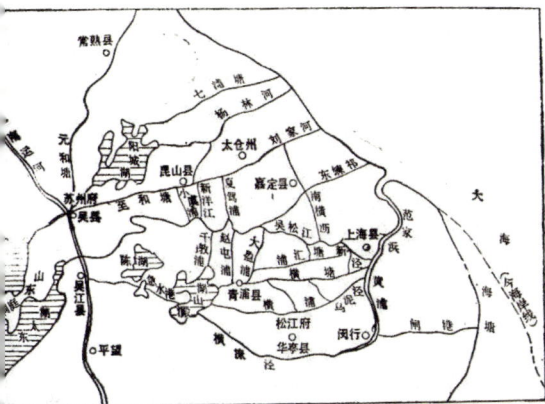

明代太湖水系图

明代户部尚书夏原吉像

入海口官方名称保留吴淞口，正好提醒后人注意古老的历史。

600多年前，吴淞口是名副其实的吴淞江的入海口。明代以前，吴淞口是太湖泄水的主要通道，江面极其宽阔，有"唐时阔二十里，宋时阔九里"之说。而黄浦江的前身东江，只是一条南流至金山、平湖出海的太湖泄水道，后下游淤塞转向东流，南宋时沿海筑护塘后，江水出海受阻，才折北在今嘉兴路桥附近注入吴淞江，成为吴淞江的一大支流。南宋绍兴二十八年（1156年）始有黄浦之名，也称大黄浦。

明初，吴淞江下游淤塞。永乐二年（1404年），户部尚书夏原吉疏浚吴淞江南北两岸支流，引太湖水入浏河、白茆直注长江，史称"掣淞入浏"；又疏浚上海县城东北的范家浜（今黄浦江外

夏原吉治水图

白渡桥至复兴岛段），引大黄浦之水从今复兴岛向西北流至吴淞口入注长江，形成"黄浦—范家浜—吴淞江"新的江水出海通道，史称"江浦合流"。此后，吴淞口实际成了黄浦口，故有"黄浦夺淞"之说，吴淞江逐渐处于次要地位。新河道水流充足，弯度减少，激流日夜冲刷，河道渐宽，河床渐深，泥沙难以淤积，成为一条大川。正德十年（1515 年），再次治理吴淞江下游，疏浚北新泾至曹家渡的河道，引吴淞江水入宋家浜（今市区苏州河一段）。隆庆三年（1569 年），又疏宋家浜，吴淞江下游完全改入今道，至陆家嘴对岸与黄浦江会合。这样一来，本是主流的吴淞江成了黄浦江的支流；而黄浦江则随着流量的加大，沿吴淞江故道经吴淞口注入长江。于是，吴淞江

清末吴淞要塞老公主码头

的出口成了黄浦江的出口。

治理黄浦江，奠定了日后上海港的发展基础。

上海开埠后，进出上海港的外轮逐年增多（开埠次年仅44艘，10年后飞增至489艘），吴淞口的地理优势日益凸显。1860年代，黄浦江航道因泥沙淤积而日益变浅，吴淞口附近吴淞外沙、吴淞内沙（又叫高桥沙）两处淤塞严重。清光绪二年（1876年）后的一年多时间内，有44艘外轮因吴淞口水浅无法驶入，32艘停留24小时以上，21艘用驳船卸下货后方能进港。外商纷纷要求疏浚航道。清政府却认为，吴淞口的沙滩是天然屏障，可用以抵挡外来侵略，故一直反对疏浚。直到光绪八年（1882年），在各国的压力下，清政府才开始疏浚，到光绪十七年（1891年）又停止了。

光绪二十七年（1901年），在列强强迫清政府签订的《辛丑条约》中，加入了有关疏浚黄浦江的条款。光绪三十二年（1906年），上海成立黄浦河道局。经多年治理，吴淞口的通航条件大大改善。民国元年（1912年），民国政府成立开浚黄浦河道局，继续对黄浦江进行治理，到民国10年（1921年），4万吨级的邮轮也可顺利通过吴淞口进入上海港了。

吴淞口

吴淞口地处江海要冲，既是历代兵家必争之地，又是上海港的咽喉。明初，吴淞口即筑有城堡，设置吴淞守御千户所。到清代，先后在吴淞口两岸设置5座炮台（东炮台在东岸，其余4座均在西岸）。然而，最早与英军交火时，清军用的还是古炮，射程只有500米。英国人发现后，就把舰船停泊在600米处。中国人受尽了落后挨打的苦。

自鸦片战争起百余年，近代中国历尽屈辱，吴淞口都默默见证了——

《南京条约》签订后，上海辟为商埠，门户洞开。吴淞口外

吴淞口水位钟

吴淞口导堤

停泊着大批走私鸦片的船只，这里成了中国最大的鸦片集散地。仅道光二十九年（1849 年）一年统计，进入中国的鸦片共 4.3 万余箱，其中通过吴淞口进入上海的近 2.3 万箱，占了一半以上。

吴淞口曾度过世界近代史上最血腥黑暗的岁月：在两次淞沪战争中，日本飞机从停泊在吴淞口的航母上起飞，对我军阵地狂轰滥炸；日本军舰在黄浦江口横冲直撞。日寇在罗泾、浏河一带登陆后，对手无寸铁的中国平民进行疯狂的大屠杀……

一波三折的吴淞开埠

淞兴路同泰路有吴淞开埠纪念广场，广场西边墙上的开埠广场纪念牌铭文简述了吴淞镇概况及其开埠历程——

大江东去，黄浦北泄，两水相激，奔腾入海，成吴淞之奇观，显天地之壮采。通五洲，连九派，物华天宝，人文荟萃，洵为申城之门户，七省之锁钥，工商之重镇，海防之要塞。

鸦片战起，吴淞凌夷。神州板荡，民族危亡。英烈前驱，

吴淞开埠纪念碑

喋血炮台，谱写御侮之篇章。将士救亡，奋战疆场，掀起抗敌之怒涛。我中华儿女，势挽积贫积弱之颓势，力臻富国富民之目标。清末光绪年间，两江总督刘坤一奏准自主开埠，以绝列强觊觎之念。二十世纪初叶，南通钜子张謇再行开埠，以明华夏勤谨之心。于是机械、纺织，初露端倪。铁工、电力，渐透声光。学堂星罗而棋布，巨轮横海而溯江。鹏程发轫，格局甫成。嗣有革命前行擘划国家昌盛之方略，志士仁人绘制工商兴旺之鸿篇。济济先辈，筚路蓝缕，耿耿丹心，励精图治，功在祖国，名垂青史！

……

清同治年起，郑观应等有识之士就呼吁吴淞开埠，既方便外商进出口货物的运输，又维护本国权益。光绪二十四年（1898 年）三月，两江总督刘坤一顺应民意，向清政府奏请将吴淞自动辟为商埠。清政府准奏，总理衙门规定：开埠地址北起炮台湾，南至黄浦江畔的牛角桥（今军工路集装

郑观应

昔日吴淞口

箱码头南）。

当年八月十一日（9月26日），吴淞开埠工程总局成立。刘坤一委派沪道蔡钧为开埠督办，成立清查滩地局，负责清丈开埠界址。吴淞自强军营务处沈敦和主持勘定开埠地段，其范围北起炮台湾，南至牛角桥，蕰藻浜以北地区以泗塘河为界，以南地区以距黄浦江三里为界，自行筑路、设铺，作为中外公共商场。所用土地分三等作价：蕰藻浜南北均自黄浦江起一里范围内为上等，每亩作价160两白银；由此西进一里，即距黄浦江二里处为中等，每亩作价120两白银；再西进一里，即至西边界止为下等，每亩作价80两白银。同时拟订了《吴淞开埠租买土地章程》。

光绪二十五年（1899年）二月，工程总局在蕰藻浜北开

光绪年间吴淞炮台大门

工筑路，两年内建成外马路（今淞浦路东段）、永清路（今
淞宝路南段）、上元路（今塘后路）、金山路（今已湮没）、
常熟路（今水产路）、新宁路（今塘后支路）、民康路、镇
海路（今东浦路）、中兴路（今北兴路）等吴淞商埠马路，
以永清路为衔接街区的枢纽。同时，拆毁妨碍商务的吴淞西
炮台。为方便南北交通，在蕴藻浜口建长 50 余丈、阔 6 丈的
木质大桥，但不久因浜口水流湍急而倾圮。后又改建于淞沪
铁路桥东侧，即今吴淞大桥前身。同时重筑拆毁 20 年之久的
吴淞铁路，并于当年冬天延伸至炮台湾，即淞沪铁路。其后，
淞沪铁路南端与沪宁铁路相连，使吴淞的铁路交通伸展到国
内外广大腹地。

　　开埠期间，吴淞辟街筑路、批地建房、列肆成市，为整个

地区的发展打下了基础。

光绪二十七年（1901年），列强与清政府签订《辛丑条约》，列有黄浦江航道疏浚条款。此后，随着吴淞口、黄浦江口航道的疏通，商船进出便利。但因吴淞不设租界，外商享受不到特权，外资企业中止了向吴淞口的转移。

列强忙于第一次世界大战之际，中国民族工商业迅速发展壮大，有识之士又把目光投向吴淞这块宝地。大战结束不久，即筹备第二次开埠，由著名实业家张謇出任督办，在勘测调查的基础上制定《吴淞开埠计划》。

张謇

民国9年（1920年）11月，在上海九江路设筹备处。翌年2月，设吴淞商埠局，办公处设于吴淞提镇行辕旧址（今吴淞中学内）。

吴淞第二次开埠的范围较前大为扩展，初定区域南起闸北与租界毗邻，北至宝山城北之采淘港（今马路河出口段北侧），西至刘行、大场。后因南界与沪北工务局辖区重叠引起纠纷，经各方调停，大体确定以走马塘穿过江湾沿铁路至袁长河为界。经三年筹备，完成全埠测量，并筹划兴办市政设施。

民国13年（1924年），因军阀混战，商埠局经费短缺，

吴淞二次开埠纪念合影

加上一战后各国资本势力卷土重来，吴淞第二次开埠中止。

但就在两次开埠期间，一批近代工业先后在此落户，初步形成了以机械、纺织为主体的工业基础。光绪三十三年（1907年），占地280亩的吴淞机厂（戚墅堰机厂前身）建成。民国4年（1915年），张华浜修理工场（东海船厂前身）建成。民国8年（1919年），宝明电厂建成，向吴淞、宝山县城供电。同年，沪上巨商聂其杰、聂其琨建大中华纱厂（上棉八厂二

吴淞机厂

纺前身）。次年，王正廷、张英甫等巨商建华丰纱厂（上棉八厂一纺前身）。同时建立的还有中国铁工厂。

一波三折的吴淞开埠，被载入史册。

大中华纱厂旧址

穷宝山

穷宝山，指的是宝山老县城。

宝山老县城扼据吴淞口，东北两面临江，只有西南通向外面的世界，地理位置十分重要，历来为兵家必争之地。清初吴淞总兵李成栋第一次到这里就感叹："此地是死地！"军人取的是军事角度，但宝山经济发展缓慢，闭塞无疑是重要原因，加上其紧靠长江近海的南岸，兵灾、潮灾、风灾来临总是首当其冲，所以虽一直是县治所在地，却穷得远近闻名。

宝山老县城原来是明朝洪武年间设立的吴淞千户所城（俗称吴淞所城），建有城垣，是一个军事基地，明万历年间曾驻军4 000余人。明英宗正统二年（1437年），有两只老虎流窜而至，"有虎为害，凡伤六十五人。事闻，诏下襄城伯李隆，遣吴淞所千户王庆、县丞张鉴捕杀之。"盘踞宝山的老虎惊动了最高统治者，皇帝下诏捕杀，当地军事、行政机构联手行动，王庆、张鉴率10名勇士前往寻虎。虎被擒杀后，聚观者甚众。事后，县丞张鉴根据亲身经历，写了73行的长诗《宝山杀虎行》。[1]

原吴淞千户所城墙周围仅3里，范围极小，四面城墙，墙外有护城河，城内只有贯通东西及南北的两条街。从前的宝山人这样形容县城之小："一个铜板可以从城中心的鼓楼滚到城门口"或"一个铜板可以从东门滚到西门"。不过据记载，城虽袖珍，城内设施却颇具规模。明代设有千户所署、所学、三司署、总镇府、察院行台、镇海楼（鼓楼）、演武场、军储仓、军器局等。清雍正二年（1724年），宝山建县，成为县城，设有县署、监狱、主簿署、典史署、社稷坛、先农坛等。后来又陆续建孔庙、魁星楼（钟楼）、化成祠，报功祠等。这些建

孔庙大成殿

[1] "长江口民俗文化"信息网

筑都已毁于战争或自然灾害，只剩下临江公园（前身共青公园，现淞沪抗战纪念公园）内的明古城墙遗址、清孔庙大成殿和清水关桥几处遗迹，水关桥保存完好，大成殿修缮一新，成为有历史可以讲述的旅游景点。

咸丰三年（1853 年），小刀会首领之一周立春率义军攻克宝山城。辛亥革命时，宝山是上海地区最先响应革命、宣告独立的县城之一。"八·一三"淞沪抗战中，姚子青营在宝山城坚守七昼夜，奋勇杀敌，最后全部壮烈殉国。宝山又是中国

临江公园大门

宝山古城墙遗址

姚子青营纪念碑

共产党开展革命活动的重要据点，革命火种不灭，地下斗争不断。

1949 年前，居民们大多住着屋檐齐肩的低矮平房。城里只有几条小街，其中最长的一条叫石皮街，人们把"石"字和

"皮"字合在一起，称其为"破街"。当时，城里最高建筑还是两层楼房，有宝山小学和宝山中学两所学校、数家小商店，仅有一座开大会、放电影的大礼堂。1956年，在清代宝山庙古址上新建共青公园。南门和西门外还是大片农田。从县城西南面到同济路造了一条大马路，路北的宝山中心医院是唯一的"宏伟建筑"。宝山人日出而作日落而息，生活单调，外出交通极不便利，往市区只有从吴淞到闸北老北站的小火车，后来多了一辆可达闸北鸿兴路的公共汽车。所以，难得去市区的宝山人习惯把去市区叫"到上海去"。

据居民沈伟国回忆，20世纪五六十年代，孩子们在城墙上奔跑游戏，在护城河里游泳捉鱼，四周还有猪獾、夜猫、黄鼠狼出没。"文革"中，城门被接连拆除，1976年10月拆到

石皮街

南城门时，忽降大雨，南城门才幸免于难。[1] 现保留的城砖上，铭文有"宝山""松江"字样。南城门东西两端，原砌砖石早已荡然无存，仅各有一段高高隆起的泥带。

这里的巨变，始于改革开放。1978 年起，宝山老县城作为国有大型企业宝钢的生活区，得以迎来大规模的建设，居民骤增，形成新型城区。昔日的宝山老县城，即今天的友谊路街道，成了全区政治、文化、商业的中心。

金罗店

与"穷宝山"相对应的，是"金罗店"。一个"金"字，极言其富庶。

罗店西临嘉定、北达浏河、南抵大场、东至吴淞，水陆交通发达，天然有利于经济繁荣。罗店成镇于元代，兴起过程富传奇色彩，传说与一个叫罗升的浙江黄姚镇青年有关。

罗升的父亲罗健曾是大书法家赵孟頫的书童，受赵的熏

罗店一角

陶，极重家教。罗升 16 岁便自食其力，靠煮海制盐过活。三年后，小有积蓄的罗升离开家乡，到江苏嘉定附近一个叫大溪村的地方定居下来，开了一爿"罗氏店堂"，经营南北往来货物。由于经营得法，客商渐多，于是在"罗氏店堂"旁开了客栈，生意益发兴旺。慕名而来的四海商人简称"罗氏店堂"为"罗店"，久而久之，大溪村村名被罗店取代。到明朝万历年间，罗店已发展成为物产丰富、商贾云集的大镇。至清代，经济规模终于超过南翔、江湾、大场诸镇而名列第一。

据清光绪《罗溪镇志》记载：镇里市面非常热闹，每天都有运货的车船来往，街巷纵横，像棋盘脉络那样密布。但罗店的繁荣，远非始于清朝。早在明代初年，这里已是物产丰富、商贾辐辏的商业大镇，为当时嘉定县七镇五市之首。到明末，更是享有了"金罗店"之美誉。

古时罗店盛产棉花，有"三分稻田七分棉"之说。元末，黄道婆的纺织技艺传入，纺织业快速发展。罗店四乡多纺纱织布的农村妇女，制成的套布、泗泾布、紫花布、斜纹布、棋花布等工艺精湛、质地优良。商贾大量收购，转销皖、浙、苏各地。遍布全镇的牙行、花行、布行经营棉花、粮食交易，成为经济繁荣的支柱。至明代，罗店已拥有西巷、塘东、塘西、横街等街群，渐成百业骈阗、一日三市的集镇。到万历年间，已是"经阎殷富，徽商辏集，贸易之盛，几埒南翔矣"，繁荣程度与邻近的巨邑南翔相差无几。至清代，又增辟前街、北街、南弄、赵巷、蒋巷等，成为拥有"三湾九街十八弄"的江南重镇。清康熙年间，罗店更是发展成为颇具特色的棉花、棉布交易中心，吸引了以徽商为主的大批外来商客。罗店成为嘉定县最大的镇，棉花、棉布生意兴隆，成交额超过了南翔镇，故有"金罗店、银南翔"之说。清末民初，镇上三里长街市面繁荣，四乡来客车船不断，"三湾九街十八弄"，居民超过 5 万人。民国时期编写的《宝山县续志》有记载："罗店市镇最巨，为全邑冠……综计大小商铺六七百家，有典当、花行、米行、衣庄、酱园等业，尤以两家锡箔庄为巨擘。市街凡东西三里，以亭前街、塘西街最为热闹，次则塘东街、横街等。乡民上街，每日三市（早市、午市、晚市）。"

经济发达，市镇兴旺，罗店的文化也十分发达。明、清两朝，区区一镇就出过七位进士、二十二位举人。居民的文化生活随之丰富。文献记载，罗店彩灯传承人之间没有文字记录，靠口传心授流传了数百年。五月初五赛龙舟，连续数天的盛会，年复一年，已逾 400 个春秋，被光绪年间的《罗溪镇志》称为"擅一邑之胜"。

20 世纪初，富庶繁荣的罗店镇已呈现出一派江南水乡名邑的风情。镇上富商云集，豪门巨宅星罗棋布。引人注目的

罗店古镇牌楼

名人住宅，有春阳堂（明处士黄通理读书处）、玉兰堂（明职方郎中唐景亮致仕后与弟景南共同读书之处）、简堂（明马元调旧宅）、江楼（清初范光启筑，乾隆五十四年其曾孙朝佐重建）、默然堂（清进士施灏旧宅，后园为两江总督毕沅的读书处）。十八条户槛、布长街清代建筑群等，多为一代名人燕饮唱和之处。

罗店人文荟萃，进士及第者众多，有明代范纯（天顺元年进士）、顾其国（天启二年进士）、申芝芳（崇祯四年进士）、施凤仪（崇祯十年进士），清代黄与坚（顺治十六年进士）、殷元裕（顺治十八年进士）、施灏（乾隆三十七年进士）。此外，明代有举人 20 人、贡生 6 人；清代有举人 27 人、贡

布长街丰德桥南桥墩

生 22 人。清道光二十一年（1841 年）建罗阳书院，为全县最早的书院之一。民国 32 年（1943 年）私立罗溪中学创办，因曾有著名专家学者任教而闻名。

罗店庙宇古迹甚多，有东隍庙、水龙庙、施都庙、观音阁、东岳庙、杨王庙等 20 座，现仅剩梵王宫（原名玉皇宫）。镇上的大通桥、丰德桥和来龙桥都是有三五百年历史的石拱

民国 35 年罗溪中学师生合影（局部）

梵王宫旧址

桥。罗店的市政建设发展得较早，民国 12 年（1923 年）建电灯公司，发展居民用电；民国 19 年（1930 年）建自来水厂，向居民供水。

历史上，罗店曾屡遭兵灾，上述古建筑和民用设施大多毁于战争，保存完好的明清建筑仅梵王宫、布长街和花神堂。

来龙桥原在古镇上，后移建于罗溪公园内

1937 年"八·一三"淞沪抗战，日本侵略军在罗泾小川沙登陆，直扑罗店，中国军队顽强抵抗，双方历经十三次拉锯式激烈争夺，伤亡惨重，史称淞沪

花神堂

淞沪之战，日军炮火下的罗店成一片废墟

之战的"血肉磨坊"。镇上被杀平民不计其数，私家花园、学校、大小寺庙、祠堂、教堂均被夷为平地，繁华的罗店闹市成了一片焦土。金罗店失去了昔日光芒，直到1949年后才逐步恢复元气。

铁大场

这片形成于南朝梁天监年间（502—519 年）的陆地，为什么叫"大场"？清光绪《宝山县志》里有答案："大场镇，在县治西南三十里，宋时置盐场于此，而得名。"现存古文献中，较早出现"大场"一词的，有宋熙宁三年（1070 年）郑亶《吴门水利书》载"大场浦"，是河流名；宋绍兴、嘉定年间（1131—1224 年）《宋会要辑稿》载"南大场"，为港口名、税盐场名。而较早记载"大场镇"的，则有明正德四年（1509 年）的《练川图记》和明万历三十三年（1605 年）的《嘉定县志》。

又为什么叫"铁大场"？大场在公元 7 至 8 世纪时已成为古吴淞江的出海口，即上海至江苏太仓的交通要道。宋时这里已有散居人群，宋元之际逐渐形成集镇。到明代，商业已初具规模。长约三里的东西一条街，有九桥十八弄，大小商铺 300 多家。贸易以土布居首，也有粮食和日用品。晋（山西）、陕（陕西）布客和徽（安徽）商均来此设店，收购棉花、土布，市面极为繁荣。宋、元、明时期，大场曾作为商业活动的通海港口，本地生产的棉布等由此销往闽、浙等地及海外。大场镇上著名的老字号"万益酱园"诞生于清道光年间，与吴淞"万盛"、江湾"元豫"、罗店"齐和顺"齐名，被称为"四大官酱园"。清雍正年间宝山建县后，大场因经济繁荣紧随"金罗店、银南翔、铜江湾"之后，号称"铁大场"，为上海北部四大商业重镇之一。

"铁大场"的得名，民间还有一种说法：走马塘上南来北往的船只与日俱增，大场许多铁匠为了揽生意，纷纷把摊位设在河边，一时间，三里长的河堤上，"叮叮当当"的打铁之声不绝于耳，故称"铁大场"。

历史上，大场也是屡遭兵灾，毁损严重。走马塘西边本来有个小集镇，名为临江街，十分繁荣。清顺治二年（1645年），清兵"嘉定三屠"，杀到大场，在临江街上又大开杀戒，当地居民无一幸存，房屋全部被毁。民国5年（1916年）冬，里人严濂捐资在临江街原址建亭，供来往行人歇息。1932年"一·二八"淞沪抗战，中国军队在大场浴血奋战，伤亡惨重。战后，大场父老

1937年10月26日，匍匐前进的日军福井部队

　　乡亲缅怀先烈，集资兴建"大场纪念坊"，褒扬十九路军将士英勇抗日、为国捐躯的精神。1937年"八·一三"淞沪抗战中，日寇出动150架次飞机，丧心病狂地对大场镇投弹160多吨，使全镇成为焦土。日军占领大场后，强行在镇东北部圈地数千亩，毁村庄17个，建造军用机场，使397户村民无家可归，大场开办最早的潜溪小学（即大场小学前身）全部校舍及元代沈氏宗祠悉数化为乌有。

　　因缘际会，大场因两位名人兴办的教育事业而开启了民智，提升了知名度。

　　1932年10月，教育家陶行知到大场，创办新型学校——

为纪念"一·二八"淞沪战争抗日将士，1937年8月建"大场纪念村牌坊"

陶行知创办的大场山海工学团，教师指导学生做豆腐

山海工学团。陶行知曾向当地农友解释过校名的来历："有两层意思：一是因为我们这个地方处在宝山、上海之间；二是'九·一八'事变以后，日本侵占我东北地区，山海关危急，取名'山海'有共赴国难的意思。""什么叫工学团呢？工就是做工，工以养生，靠自己生产劳动来养活自己；学，就是学习，学以明生，学习社会科学和自然科学；团，就是团结，团以保生，大家团结起来，

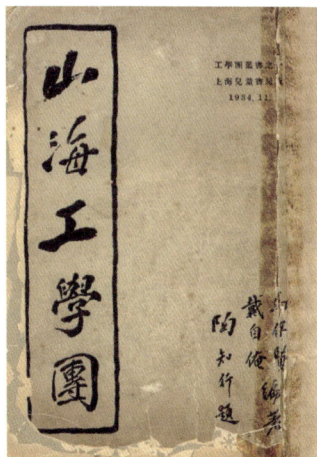

1934 年出版的《山海工学团》

山海工学团旧址位于大华路龙珠苑 200 号

保卫自己生存权利。我们学校招生原则就是来者不拒，不能来者，送上门去。"他还欣然作诗，表达办学决心："弄东一弄东，乾坤属儿童，我们是真理的传播者，瞄准乡村向前冲。"

山海工学团奉行"生活即教育，社会即学校，教学做合一"。很快，附近十里方圆的村庄就成立了青年、儿童工学团，养鸡、养鱼工学团……办了十几个工学团，有好几百人入学。次年，成立了棉花工学团，陶行知、张劲夫担任顾问，推广良种斯字棉，产量比本地鸡脚棉高两三倍，迅速推广到整个大场及顾村、罗店等地。1947 年 9 月，陶行知创办的育才学校又从重庆迁至大场，便是行知中学的前身。

后来成为中国佛教界领袖的赵朴初先生，在抗战胜利后也到了大场，借得上海惠生慈善社大场宝华寺地产近百亩及全部房屋，将设在赫德路（今常德路）的净业教养院搬到大场，成立上海少年村，为国家培养了大批革命干部和建设人才。

上海少年村坐落于大场镇东南少年村路 50 号

吴淞要塞：近三百年的枪林弹雨

作为"长江第一门户"，吴淞口长期处于激烈的争夺中。为扼守"门户"，历史上这里曾先后建有西炮台、东炮台、北炮台、狮子林炮台和南炮台，统称"吴淞炮台"，亦称"吴淞要塞"。

从 1650 年代到 1930 年代，吴淞要塞战火不断，在枪林弹雨中度过近三个世纪。

明崇祯十七年（1644 年）清军入关后，控制了全国大部分地区。清顺治八年（1651 年）到十二年（1655 年）间，抗

吴淞要塞正门

清名将张名振、张煌言的舰队曾四次进攻吴淞口，三次攻入长江。顺治十六年（1659 年），率父亲旧部在东南沿海抗清的名将郑成功，率舰队经吴淞口溯江而上，直逼南京城，吓坏了清政府。后因轻敌，郑成功部功败垂成。第二年，江南提督郎廷佐奉命在吴淞杨家嘴修筑西炮台。康熙五十七年（1718 年），又在杨家嘴对岸修筑东炮台。两座炮台夹江对峙，使吴淞口成为遐迩闻名的海上雄关。

由此可见，清政府建造吴淞炮台的初衷是镇压反清义师。想不到，两座炮台后来在反对外敌入侵中发挥了作用。

鸦片战争中，英国侵略军于清道光二十二年（1842 年）四月初六日凌晨，以大小船只百余艘、陆军万余人，全力进攻吴淞要塞。当时，西炮台拥有火炮 130 多门，东炮台 20 多门，东西炮台夹江构成火力网，侵略者的军舰很难通过。可是，由于大权在握的两江总督牛鉴一心求和、指挥不当、临阵脱逃，67 岁的江南水师提督陈化成率部殊死搏斗，从日出到近午，开炮数千发，多次击中英舰，击毙击伤英军数十人，终因寡不敌众壮烈牺牲，炮台失守。

吴淞炮台一失守，侵略军即长驱直入，迫使清政府在南京签订了丧权辱国的不平等条约，中国从此沦为半殖民地半封建社会。吴淞之战是鸦片战争后期带有决战性质的一役，吴淞炮台在国防上的重要地位由此可见一斑。

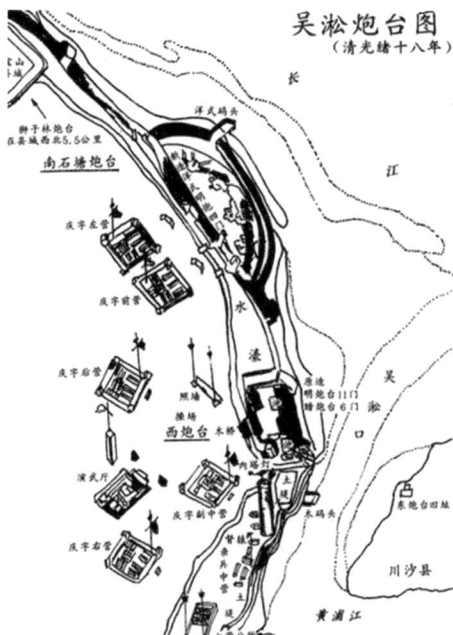

清光绪十八年吴淞炮台图

鸦片战争后，海防形势发生变化，防御设施集中于黄浦江西岸，东炮台未再修复，西炮台则屡经改建。清同治十三年（1874年），江苏巡抚张树声会同提督李朝斌视察吴淞，认为旧炮台离海口太远，决定向北移建1里，至光绪三年（1877年）建成。光绪十年（1884年）中法战争期间，法国军舰悍然封锁上海港口，拦截我漕运民船，炮轰我巡逻舰艇。清政府遂于光绪十二年（1886年）、十五年（1889年），又在吴淞南石塘北端和月浦乡长江岸边各建北炮台和狮子林炮台。

清光绪二十四年（1898年），吴淞自辟商埠，兵备道兼商埠督办蔡钧认为西炮台有碍商埠市场发展，奏请朝廷准予拆除。两年后，西炮台被炸成废墟。对此，舆论纷纷谴责，言路御史争相奏本弹劾。于是，指挥炸炮台的自强军营务处总办沈敦和受了撤职戍边的处分。清政府又令两江总督刘坤一"迅筹规复，以振南洋要口"。刘于当年在吴淞南石塘南端重新筑成南炮台，与北炮台首尾衔接，长750米，总称吴淞炮台。

吴淞炮台被摧毁

清末和民国初年，吴淞炮台由驻沪军队重兵筑防。

1932年"一·二八"淞沪抗战中，我十九路军将士在吴淞要塞司令谭启秀和旅长翁照垣的指挥下，利用南北两座炮台（北炮台有炮11门，南炮台有炮9门），英勇抵抗，多次击退日军进攻。那年2月4日起，日寇集结大小战舰20余艘、飞机数十架，对吴淞炮台施行轮番轰炸。我军将士用炮台设施击沉敌舰3艘，击伤2艘，击落敌机1架。在这次战斗中，33岁的吴淞要塞参谋长滕久寿指挥炮兵作战，受伤后不愿撤离阵地。他说："我是军人，负有保国卫民之责，速还炮杀敌，后退者枪毙！"话音刚落，又数中敌弹，壮烈牺牲。十九路军军长蔡廷锴亲书"血洒淞沪"条幅，

十九路军军长蔡廷锴

以慰英灵。在日军强大的攻势面前，吴淞炮台守军誓死抵抗，使日军在吴淞登陆的企图始终未能得逞。3月1日，蔡军长忍痛下令全军撤退，但翁照垣旅长死守不退，凭借炮台及吴淞镇继续顽强抗敌，坚守

吴淞要塞参谋长滕久寿

到最后一刻。3月3日，十九路军撤退后，日军登陆，并炸毁了南、北炮台和狮子林炮台。

占领吴淞要塞的日军

中国最早的商用铁路

当人们回忆外滩情人墙的时候，宝山人却自豪地声称：上海最早的情人墙在宝山炮台湾。上海最早的情人墙怎么会在宝山？那还得从淞沪铁路说起。

第一次鸦片战争失败后，中国沦为半殖民地半封建社会。清同治二年（1863年）六月，27家驻沪外商向钦差大臣、江苏巡抚李鸿章提要求，准许其造一条从苏州到上海的铁路，得到答复：清廷对外国人在中国境内建筑铁路一概深闭固拒。拒绝的理由很荒唐：清政府把铁路视为"奇技淫巧""不合祖宗成法"之怪物。

虽未经中国政府同意，外商却于同治十一年（1872年）组建"吴淞道路公司"，谎称要筑一条"寻常马路"，骗取了上海道台沈秉成的允许。操办这项工程的英国怡和洋行成立了"吴淞铁路公司"，购买虹口以北至吴淞的土地，办好执业证，就雇民工修筑起铁路来。光绪元年（1875年）底，他们从英国运来了钢轨、机车和车辆，谎称是"供车路之用的铁器"。光绪元年十二月二十四日（1876年1月20日），开始在筑好的路基上铺轨，不到一个月已铺了半公里左右，用"先导号"机车运送筑路材料。周围老百姓好奇，每天有近千人在轨道两旁"立如堵墙"看热闹。到年中，苏州河河南路桥北堍的天后宫一带

吴淞铁路第一台机车"先导号"组装现场

到江湾一段已修通。这是一条窄轨铁路，轨距 0.762 米，采用每米重 13 公斤的钢轨。"先导号"小机车每小时行驶 24 至 32 公里。客货车辆都是小型的，客车每辆可乘 25 人，货车每辆载重 5 吨。

吴淞铁路公司在 6 月 30 日举行上海与江湾间通车典礼。那一天，上海万人空巷，连著名的四马路都放了假，妓女们穿红戴绿去看火车。英国人会做生意，第一天邀请在沪洋人免费试乘，第二天又邀请中国绅商免费试乘，7 月 3 日正式开始营业。有趣的是，在最早的广告中，火车叫"火轮车"。

传说 1825 年火车首次在英国开通时，汽笛的吼叫声把围

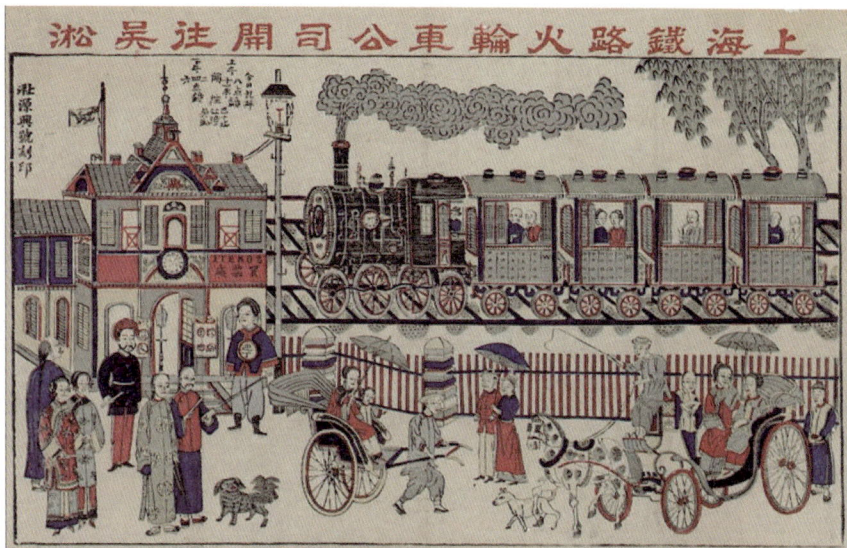

吴淞铁路通车时的招贴画

观群众吓得落荒而逃。半个世纪后的 1876 年吴淞铁路通车时，蜂拥而至的中国人却并不恐慌，《申报》刊发题为《民乐火车开行》的报道，称上海市民争相乘坐火车，沿途乡民喜滋滋看火车经过，"或有老妇扶杖而张口延望者，或有少年荷锄而痴立者，或有弱女子观之而喜笑者⋯⋯未有一人不面带喜色也。"事实上，《申报》早在 1874 年就开始鼓吹修建铁路为"大有益之事"，而中国人从 1840 年后就从各种书刊得到了火车知识的启蒙，所以对火车已不陌生。有竹枝词《咏火轮车》："轮随铁路与周旋，飞往吴淞客亦仙。他省不知机器巧，艳传陆地可行船。"可见上海人对拥有铁路是相当自豪的。

　　当年 12 月 1 日，这条从上海市区到吴淞镇的铁路全线通

1876 年 6 月 30 日，吴淞铁路江湾段开通

车。它南起北河南路塘沽路口的上海车站，经东靶子场、天通庵、江湾到吴淞镇（终点站在现泰和路同泰路口），全程 14.5 公里，行驶 35 分钟，每日往返各 7 次。车站站长、列车长都是英国人。上海至吴淞的票价为头等 1 元，二等 5 角，三等制钱 200 文（当时制钱 1200 文换大洋 1 元）；上海至江湾则减半。不到一

1987 年出土的"淞沪铁路公司界"石碑

年，运送旅客 16 万余人次，平均每星期每英里获利 27 英镑，坐收万金，几乎与英国铁路相等。

但另一方面，强筑铁路的过程始终不顺利，人们用各种方式反对筑路。吴淞铁路通车刚一个月，运行中的火车在江湾镇北不慎压死一名中国人，引爆民愤，反对筑路的浪潮更为高涨。清政府借机与英国人交涉。10 月，中英双方签订《收买吴淞铁路条款》，由清政府用白银 28.5 万两买回吴淞铁路，钱款须在一年内分三期付清；付清之前，吴淞铁路仍由怡和洋行经营。之后，怡和洋行加速建筑未完成线路。

中国按时付清赎路款，英国人于光绪三年十月（1877 年 11 月）交出铁路。不久，在"凿我山川，害我田庐，碍我风水，占我商民生计"的愚昧思想指导下，清政府竟下令拆毁吴淞铁路。卸下的钢轨、车辆运到台湾，改修台北至台南铁路。

中国第一条商用铁路诞生 16 个月就退出了历史舞台

吴淞铁路收回前后，《申报》发表了不少文章，强调铁路之利，并历数火车停驶给市民造成的不便，试图以舆论来影响当局，使其回心转意，恢复吴淞铁路的运行。这些言论，代表了崛起中的绅商阶层的立场。

光绪七年（1881 年），清政府改弦易辙，聘请英国人修建我国第一条标准轨距唐（唐山）胥（胥各庄）铁路。1896 年（光绪二十二年），在时任铁路大臣盛宣怀的奏请下，被拆毁了 20 年的吴淞铁路获批重建。次年 2 月 3 日，采用标准的 1.435 米轨距，按原吴淞铁路路基动工兴建。11 月竣工通车，第二年又延伸到吴淞炮台湾，即淞沪铁路。

远离大城市的炮台湾，面江临海，空气清新，从上海乘

在原吴淞铁路的遗址上重建的淞沪线，全长 16.09 公里

火车仅 40 分钟便可抵达，一度成为上海市民郊游的热门景点，附近街巷日渐兴旺。众多游人在江边观日出，外国人扶老携幼到此度假，以吴淞口为背景摄影留念的自然有不少恋爱中人。

今日炮台湾

"江亚轮"，世界最大的海难

　　宝山的文史工作者看电影《泰坦尼克号》，感觉与别的观众不一样，他们会告诉你：我们这里70年前爆发的一场海难，比"泰坦尼克号"更惨烈，死亡人数更多！

　　"江亚轮"是日商东亚海运株式会社1939年建造的，总吨数3365吨，原名"兴亚丸"，抗战胜利后被留在中国，更名，归属于上海招商局。招商局花血本重新装修了这艘客轮，使之从外观到设备在当时均堪称精良。1946年5月23日，"江亚轮"首航沪甬线（上海－宁波）。1948年12月3日，"江亚轮"

海难前的"江亚轮"

在上海吴淞口外沉没。据台湾所编《中国民国史事日志》,当时船上有 4 000 多人,远远超过此船最大载客人数 2 250 人,最后仅获救 900 多人,3 000 多人罹难。

有心人做过一个比较:"江亚轮"总吨数 3 365 吨,马力 2 500 匹;"泰坦尼克"总吨数 46 328 吨,排水量 66 000 吨。"江亚轮"是爆炸后沉没,"泰坦尼克"号则是撞上冰山后沉没。"江亚轮"乘客 4 000 多人,罹难 3 000 多人;"泰坦尼克"乘客 2 207 人、罹难 1 517 人。

让我们查阅文献资料记载,回放大海难前后——

1948 年岁末,解放战争的隆隆炮声逼近上海,时局一片混乱。许多工作、生活在上海的宁波人选择回乡躲避战火,工厂、店铺停产关门也使不少失业者只好提前回乡过年。宁波人规矩重,要赶在冬至前回家祭祖。所以从 11 月下旬起,沪甬航线就人满为患。

出事那班"江亚轮"的乘客名单,现存于上海档案馆。招商局的票房报表显示,共售出船票 2 207 张,加上船员 191 人,即当天船上有案可查的仅 2 398 人,加上船上补票的 700 多人、在船员庇护下躲过补票的近百人,总人数至少有 3 200 人,另有一说为 4 000 多人。

下午 4 点,超载严重的"江亚轮"徐徐驶出上海港。船上的乘客无论富贵贫贱,谁也不知道自己踏上了死亡之旅——三小时后，这艘大轮船即将经历一场世界最大的海难。

7点左右，驶到东经31度15分、北纬121度47分的长江口，即吴淞口外大约30里的里铜沙洋面（白龙港），"江亚轮"突然毫无先兆地发出一声沉闷的巨响，像是什么在船上爆炸了。同时，船身剧烈抖动，随即向左倾斜，电灯猝然熄灭。急救汽笛刚拉响，船体就开始明显下沉，伴随着乘客们惊恐的呼救哭叫声。爆炸发生的船体后部迅速下沉，船很快进水。失事地

"江亚轮"惨案死难者

沉没后的"江亚轮"，烟囱、桅杆等部分船体曾露出水面很长时间

点又恰是浅滩，汹涌的海水大量涌入。短短三四分钟（一说数十分钟）内，全船沉没，只有烟囱、桅杆及悬挂在两侧的救生艇仍露出水面。乘客落入冰冷的海水，命悬一线。

据上海轮船招商局对"江亚轮"生还者作的调查报告，爆炸发生时，附近水域经过的船只上，不乏侠肝义胆、慨然援手者。如"金源利"号船主张翰庭指挥"金源利"的船头对上"江亚轮"的船舷，救下"江亚轮"船头甲板

"金源利"号船主张翰庭

上的400多乘客，原路送回上海。"金源利"号，后来被誉为"海上慈航"，船主张翰庭则被授予首位"上海市荣誉市民"称号。上海汽船商业同业会当时写给张翰庭的表彰信上说："张先生出之以果敢，不顾一己之利害，冒大险，犯大难，奋力捞救，使四百以上奄奄欲绝之旅客得救，安然生还。"大家认为，获得"上

"江亚轮"救捞现场

海市荣誉市民"称号，实在是他"应得的酬劳"。

上海档案馆保存的相关资料显示，从晚7点发生爆炸到午夜1点许，惊心动魄的六小时，有900多人获救生还，其中"金源利"号救起453人，"江静轮"救起266人，沪东兰路码头恒成柴行"金德兴"号帆船（船主王大先）救起87人，"华孚轮"救起28人，其他各类船只救起近百人。

"江亚轮"海难震动了全国，《申报》连续11天刊载消

上海报纸报道张翰庭

息报道此事。"江亚轮"罹难者中，80%是宁波人。这是有史以来最大最惨的一次客轮海难事故。几个月后，民国38年（1949年）4月，明州出版社出版《江亚轮惨案》，汇集了幸存者的叙说及相关资料。

自出事之日起，人们就开始探究"江亚轮"沉没的真正原因。这么多年来，各种调查报告和小道传闻众说纷纭，主要有锅炉

爆炸说、偏航触雷说、偏航触礁说、定时炸弹说、军火爆炸说、海军轰炸机弃弹说，但至今没有一个权威的定论。

1956年，上海市人民政府决定打捞"江亚轮"，重见天日的"江亚轮"船体被送入江南造船厂彻底修理。1959年，修复的"江亚轮"重新投入航运。1966年11月，"江亚轮"改名为"东方红8号"，往返于上海－武汉航线，直到1983年退役。

"江亚轮"打捞修复后改为新中国的长江内河客货轮

吴淞口灯塔的前世今生

独特险要的地理位置，使吴淞素有"重洋门户"之称。而吴淞口灯塔，是中国与世界经济交往的这第一道大门的重要助航标志，如今也是上海港的标志性建筑和观景点之一。

吴淞口灯塔

明永乐十年（1412 年），为保障吴淞口外船舶的航行安全，在长江口南岸（今浦东新区高桥镇临江畔）筑起一座土山，竖起航行标志，山顶可点烽火。郑和船队下西洋时，自浏家港出发经吴淞口出海，就是"宝山"烽烟给指明的航向。随后，在潮水的冲刷下，宝山烽堠坍塌。

直到 1843 年，第一次鸦片战争打开了中国的五个通向口岸。上海开埠，海上航运渐盛，吴淞口再次热闹起来，进出吴淞口的外国商船逐年增多。1866 年，上海江海关为引导船只安全入黄浦江，在吴淞口外设置黑色方形灯塔，上置红、绿、白三色或一色长明灯，原属江海关第 68 灯。嗣后，导航设施陆续增多，并经数次改易。

那时候，黄浦江最浅处水深只有 3.1 米，远远不能满足港口、航运发展的需要。荷兰总工程师奈克研究制定了吴淞口至鳗鲡嘴的导治线（浚浦线），开始系统整治黄浦江航道。整治的重点工程之一，就是修筑吴淞口导堤。吴淞左导堤工程于 1907 年开工，1910 年建成。左导堤（浦西）石埂全长 1395 米，呈圆弧形伸入长江急流区，半径 2.4 公里，平均断面底宽为 45 米，以 1:10 的坡度，由西向东逐渐下降，直到江底。导堤可理顺吴淞口水流，堵拒长江上游夹带泥沙的来水，缩窄了口门宽度，清除了吴淞内沙和吴淞外沙两个拦门浅滩，航道得到了冲深。总造价为白银 202 万两的这项工程，包括主导堤、

1950 年代吴淞口灯塔的身影

斜向海塘堤及工作港三部分，由荷兰利济公司（East Asiatic Dredging Co）承建，称为"吴淞石埝"。为方便航行，在石埝东终端设趸船，晚上点灯作为航标。

吴淞口导堤建成后，由于堤身标高只有 3 至 3.5 米，涨潮时整个导堤没入江中，过往船舶经常触坝搁堤。1928 年，民国政府拆除石埝东端的趸船，在导堤最外端建造河塘灯桩，新安置重 20 余吨的固定灯标，日夜发光，这就是最早的吴淞口灯塔。后因建造年代较久，桩身的高度、灯光的高度都不够，而且桩体严重倾斜，船舶难以识别，尤其到灯塔导堤涨潮时易淹没，给航行带来安全隐患，常有小船搁于导堤上。

新中国成立后，鉴于灯座靠水三面大石块被冲下坍，危及灯座，上海航道局于 1951 年、1953 年两次抛石修理，费资旧

吴淞口灯塔

币5亿余元。1957年，组织人员踏勘及测量全导堤，获得详细资料，并局部整修。为防止堤旁河泥逐年被冲刷而导致堤向浦江滑移，1958年始，在导堤堤脚边抛泥30余万立方米，在导堤外10至20米外抛石807吨，以护坡脚。1964年，又一次详细勘查、测量与潜摸。1965年初至1966年底，又实施沉排护底、抛石护坡、修补堤面等工程，工程耗费85万元。1975年，首次应用太阳能电池板匹配镍镉电池为航标灯提供能源。1988年，上海海事局改造重建河塘灯桩，改桩身为圆锥形铁筒，并改名为"吴淞口灯塔"。

1998年9月26日开始改造重建灯塔，次年12月29日，一座白色圆柱形钢筋混凝土灯塔屹立于吴淞口导堤最外端的水天之际。塔高20.1米，灯高17.4米，射程可达13海里，备灯射程7海里，装有雷达应答器，无人值守的灯塔开始发光。从此，吴淞口灯塔被赋予了现代工业文明。

假如一艘船夜行至离上海13海里内的海面时，看到灯塔的光芒，就能确定抵达了上海吴淞口。

吴淞口灯塔的前世今生，见证了上海这座城市数百年的沧桑变迁。

2006年，国际航标界规格最高、规模最大的国际航标协会（IALA）第十六届大会在中国上海举行。国家邮政局为此发行《现代灯塔》特种邮票，全套4枚，吴淞口灯塔与天津大沽灯塔、广东桂山岛灯塔、海南木栏头灯塔一起入选。

2006 年，国家邮政局发行《现代灯塔》特种邮票，吴淞口灯塔入选

"胡塘"由胡仁济而来

宝山人把海塘叫"胡塘",这并不是当地方言。此中有感人故事。

清时江都有个知县叫胡仁济,性情耿直,得罪了上司,雍正十二年(1734年)被贬到穷宝山当知县。

胡仁济像

宝山地处三夹水畔,每当大潮袭来,海浪直冲昆山脚下,当地人说"困时荒茫茫,醒来白漾漾"。胡知县上任伊始,正当宝山遭受雍正十年(1732年)的一次大潮灾之后。只见沿海沿江土塘大半坍塌,百姓流离失所,县衙内书桌上螃蟹横行。胡仁济上奏皇帝,意欲筑塘拒潮,不料三年不得回音。无奈中,他求见太仓州道台,磨了七昼夜,道台才答应为筑塘上一本,可依然石沉大海。随后,百姓上"万民折",签名长度超过了一里,上首签名第一人为胡仁济。皇帝终于准奏。

筑塘工程开工后,胡仁济又苦于找不到划线良策。某日,得一梦，见自己站在砻糠上制伏江中恶龙。醒后即让人往江中撒砻糠，退潮后砻糠黏附堤岸，这就是"潮线"了。雍正十三年（1735年），他亲自监督挑筑胡巷桥北至顾泾港的护城土塘和南至虬江口的衣周土塘。

乾隆元年（1736年），巡抚顾琮视察了宝山海塘，认为县城逼近海洋（长江），宜把县署迁到嘉定，便发文到县，令迅速议复。胡仁济据理力争，顶住了这个错误主张。

因层层拔毛，工程刚过半，所拨银两已用完。胡仁济又是变卖家产，又是告贷亲眷，共贴进十三爿典当，捐银150两，弥补了筑塘费用的不足。乾隆四年（1739年），又接筑顾泾港北至太仓县交界止的顾泾港、五岳塘坝面土塘，并在杨家嘴、张鉴浜口筑石坦坡护塘。乾隆五年修筑的"十里石塘"，自吴淞炮台起至小沙背南端，长4 300米，底宽3.3米，高4米，塘面宽1.7米，全用青石条梯状铺排，并以铁构件加固。

当时，太仓州有个负责勘查工程的官员傅椿，借查账索讨银三千两。胡仁济严正不阿，使他空手而归。傅凭借职权，指责工程草率，捏造胡仁济偷工减料、贪污等罪状上告。皇帝大怒，将胡削职为民，在海塘南首办私塾，与小童为伍。胡仁济为官清廉，俸金、家产又多次捐助筑塘，去官后生活困难，石塘讼案又拖延不决，只好寄居在城外冯生员家。百姓争相赠柴送米，胡则以书写字幅作酬报。

乾隆八年（1743 年）石塘建成后，省藩司孔某前往验收，量木桩应长一丈五，实长一丈八；秤铁定榫应重八两，实重十二两，才真相大白。宝山父老争呼"还我使君"，为胡仁济申冤。孔听取了申冤的理由，回省处理此案，根据上诉书逐条当面质讯，证实确是冤案。乾隆九年，沉冤得以昭雪，傅椿被革职。结案后，胡仁济重返宝山，县城里香花载道，演剧酬神，为胡庆贺。

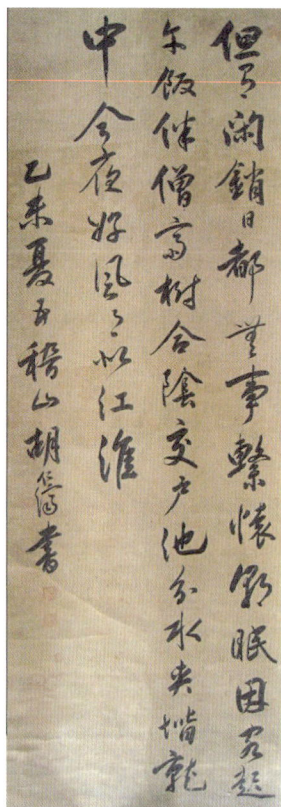

胡仁济草书

不久，胡仁济因病辞官回乡。宝山人民称石塘为"胡公塘""胡塘"，并为他塑像、建生祠，供人瞻仰，永志纪念。传说中，胡被玉帝封为八百里巡塘侯，风潮时节，巡视不息，故祠内塑像的衣袍总是湿答答的。三月廿八出庙会、四月十三胡生辰，总有人抬出他的像游行。

到道光十五年（1835 年），江苏巡抚林则徐向士绅募集银两 25 万两，督办宝山海塘修筑工程，自护城石塘北端起，西北至太仓界，共划分有小沙背、顾隆墩、薛家滩、石洞、黄窑湾等九处险工地段。修筑中，小沙背、谈家浜和石洞两侧等段均往后移进，形成现今宝山海塘走势。

宝山海塘作为宝山境内古建筑工程之一，历经两三百年的潮汐冲击，屹立于长江口南岸，使这方土地一次次免遭灾难。宝山人自豪，上胡塘看大海、在胡塘上观"旭日临江"景致成为沪上一景，清代桐城派散文家管同曾作"宝山记游"而传世：

宝山县城临大海，潮汐万态，称为奇观。而予初至县时，顾未尝一出，独夜卧人静，风涛汹汹，直逼枕簟，鱼龙舞啸，其声形时入梦寐间，意洒然快也。

夏四月，荆溪周保绪自吴中来。保绪故好奇，与予善。是月既望，遂相携观月于海塘。海涛山崩，月影银碎，寥阔清寒，相对疑非人世境，予大乐之。不数日，又相携观日出。

至则昏暗，咫尺不辨，第闻涛声若风雷之骤至。须臾天明，日乃出，然不遽出也。一线之光，低昂隐见，久之而后升。《楚辞》曰："长太息兮将上。"不至此，乌知其体物之工哉？及其大上，则斑驳激射，大低与月同。而其光侵眸，可略观而不可注视焉。

后月五日，保绪复邀予置酒吴淞台上。午晴风休，远波若镜。南望大洋，若有落叶十数浮泛波间者，不食顷，已皆抵台下，视之皆莫大舟也。苏子瞻记登州之境，今乃信之。于是保绪为予言京都及海内事，相对慷慨悲歌，至日暮乃反。

宝山者，嘉定分县，其对岸县曰崇明，水之出乎两县间者，实大海之支流，而非即大海也。然对岸东西八十里，其所见已极为奇观。由是而迤南，乡所见落叶浮泛处，乃为大海。而海与天连，不可复辨矣。

花神堂·黄道婆

　　以"花神"命名的古代厅堂——花神堂，隐在罗店镇赵巷西街。

　　建于明代天启年间（1620 年代）的花神堂，原是城隍庙行宫建筑的一座殿堂。清咸丰十一年（1861 年），城隍庙毁于太平天国战火，花神堂仍保留在原址。另有传说：花神堂也遭到破坏。1880 年代某夜，当地棉花行业协会老大陈正泰梦

花神堂

花神堂殿堂大梁

花神堂旧迹

见花神，说天上神仙忙不过来，派牛郎织女来帮罗店人种棉花。于是，号召棉业同人凑钱，在光绪十三年（1887年）重建花神堂，供奉花神娘娘。花神堂共3间，附偏房1间，院前有高大墙门，上挂状元洪钧所书"万花主宰"四字。

花神节，"花神娘娘"祈福

古人相信，每年十二个月有十二个花神，正月为梅花神，二月为杏花神，三月为桃花神，四月为牡丹花神，五月为石榴花神……花神是百花的总管，自然也是罗店盛产的棉花的总管。

"东去吴淞路不遥，人家尽种木棉花"（古时称棉花为"木棉"）。相传400年前，每年农历二月二十日是花神的诞辰。这一天，罗店人都会来到"花神堂"聚会，在与"花神堂"相连的城隍庙祭拜，罗店镇花业同人聚会纪念，祈求"万花主宰"花神保佑风调雨顺、棉花丰收、百业昌盛。迄今正门门楣上有当地书法家朱六阶所书"花业公所"匾额。花神堂东北角"小罗浮"，古时称轩，轩内有三曲桥、浅池、花草树木等，是文人墨客饮酒吟诗的地方。现在只能对着发黄的旧时园内全景照片，想象当年的风雅盛景了。所幸，诗人们的佳作被收入《中

"小罗浮"轩

国丛书综录》《清史稿·艺文志》流传下来。民国7年（1918年），还出版发行过四卷本《小罗浮唱和诗存》，囊括了55位罗店及周边诗人的诗篇。

棉花曾是上海市花。民国16年（1927年）上海建市后，一些社会人士认为上海应该有属于自己的市花。民国18年1月24日，市社会局以莲花、月季等花卉作为市花的候选对象，后又增加棉花、牡丹和桂花。最后，共收回1.7万余份选票，万万没想到，其中棉花票数5496张，名列第一，当选为上海市花。[1]

其实早在明代，棉花就是上海地区最主要的农作物，享有"松郡之布，衣被天下"的美誉。罗店作为棉花种植产区，以棉花、棉布著称于世。清乾隆《宝山县志·物产志》有"通邑栽之，以资纺织"的记载。昔日，江浙两省种的棉农把棉花从水路运到罗店评比，按一、二、三等分级、定价、收购。花神堂内有一青砖碑，上面所刻二十多人名字，据说便是评比、定价、收购的具体执事者。

花神堂供奉的花神娘娘，是按宋末元初著名棉纺织家、技术改革家黄道婆的样子塑像的。因为黄道婆曾到罗店传授纺纱织布技术，从此罗店的棉花、纱、布畅销江、浙、皖一带，且

[1]《上海园林志》

带动百业兴旺。

松江人黄道婆年轻时逃婚离家出走，流落到崖州（今海南岛），以道观为家，跟黎族人学会了使用制棉工具、织崖州被。元代元贞年间（1290年代），她重返故乡，从浏河上岸，在松江府以东的乌泥泾

黄道婆画像

镇教人制棉，传授和推广纺织工具和织造技术。乌泥泾和松江人迅速掌握了先进的织造技术，"乌泥泾被不胫而走，广传于大江南北"，太仓、上海等县竞相仿效。

对黄道婆这样一位伟大的纺织革新家及其杰出贡献，虽然正史出于对科学技术无知的轻蔑、对下层劳动人民顽固的偏见而没有片言只语的记载，但民间非常感念她的恩德。黄道婆去世后，举行了隆重的公葬，乌泥泾镇替她修建先棉祠，并作诗纪念。宁国禅寺还有她的塑像。上海县港口镇建有黄母祠。她的墓在上海县华泾镇，于1957年重新修建并立有石碑。南市区也曾有先棉祠，建有黄道婆禅院。上海豫园内，有清咸丰时（1851—1861年）作为布业公所的跋织亭，供奉黄道婆为始祖。

在黄道婆的故乡乌泥泾，在上海，至今还传颂着"黄婆婆，黄婆婆，教我纱，教我布，两只筒子两匹布"的民谣。国家博物馆里陈列着她的塑像和松江布，供后人瞻仰。

在动乱年代被挪作过学校、工厂的花神堂，殿堂门楼保持完好，大殿旧房仍是原样，西院的大银杏经炮火洗礼仍生机盎然，堂外的城隍庙尚有轮廓可循。2015 年，花神节在此恢复。平日里，这里并不对外开放，堂门紧闭，唯阳光清风拂过院子里的几排棉花。那是管理员精心栽培的，一早开白花，慢慢转成红色、深红色……

院内大银杏经炮火洗礼依然生机盎然

太仓人项惠卿与沪太路

1920年代前，从江苏太仓浏河镇到上海，仅有一条顺着田埂自然踩出的泥泞小路。当年，14岁的太仓少年项惠卿肩挑行李，沿着这弯弯曲曲的小路艰难前行，从浏河北茜泾乡走出来，到上海的纱厂当学徒。他看到大上海的繁华，想起家乡的贫瘠，强烈的反差刺激着他的心。渐渐地，他萌生了一个念头：能不能开辟一条公路，沟通上海与太仓，让家乡也快点富起来？

十多个寒暑的辛勤努力，助他由学徒晋升为经理，最终成了上海棉纱行业的佼佼者。心中那条长长的路，有条件去修筑了。

民国8年（1919年）初秋，上海邑庙翠秀堂内的太仓旅沪同乡会，在会长洪锡范的主持下，热烈讨论如何繁荣家乡经济、如何让"五四"新思想新文化更快地传播到家乡。次年冬，项惠卿呼吁从上海修一条路直达太仓，得到众同乡的支持，"沪太公路筹备处"随即成立。集资会上，这些太仓旅沪商人（主要是浏河籍人士）议定，修建这样一条公路所需资本总额为50

万银元。项惠卿当场慷慨解囊，倾其所有，认购总额的一半。翌年5月，项惠卿任董事长、朱恺俦任总经理的沪太长途汽车股份有限公司成立，垫款兴建沪太公路（又名沪太路——"沪"是上海，"太"是太仓）。

艰巨的筑路工程开始了。吴仲裔、汪季章、周开僧等家乡热心人士自告奋勇，从确定路线、征购土地，到落实拆迁、沿途设站等等，筹划具体方案。群策群力，工程进展神速。沪太路初建时，南起上海宋公园（今闸北公园），后改为大统路中兴路北。民国11年（1922年）春，通车至大场，同年秋通车至罗店，冬初通车至上海北面的浏河，全长38.5公里的沪太公路全部竣工。

1920年代运营的华商沪太长途汽车公司浏河汽车站外景

太仓父老兄弟为江苏第一条民营公路、第一条行驶大客车线路的诞生而欢呼雀跃。虽然沪太路91%以上的路段在上海境内，只有近9%的路段在太仓境内；但在当时太仓有识之士的超前意识里，有了路，太仓就可以利用与上海形成的"同城效应"——地域相近、人缘相亲、经济相融、语言文化相通——尽快发达起来。

这是上海第一条联络邻省的路线、中国第一条省际公路，也是上海最长的一条马路。沪太路见证了中国军民抵抗日本侵略者的英勇事迹。

1932年"一·二八"事变后，日军在上海闸北遭遇十九路军的勇敢反击。沪太汽车公司主动派出车辆，全体员工积极

1930年代行驶在沪太路上的长途公共汽车

支援十九路军。为避免白天遭到日军飞机轰炸，汽车改在夜间运行，司机们常常彻夜不眠，忍饥挨冻，运送士兵和弹药辎重。不幸的是，沪太汽车公司在上海闸北的公司厂房遭到日军的严重破坏，客货车站及沿线设施、公路路面等也都毁损惨重。战火平

1930 年代的沪太路上海站

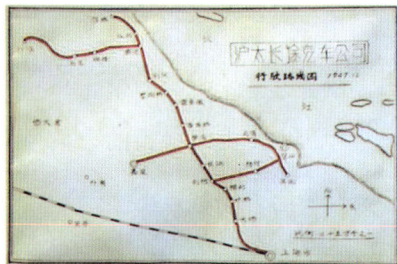

1947 年沪太长途汽车公司行驶路线图

息后，十九路军为感谢沪太汽车公司抗战期间的大力支援，赠送卡车 10 辆，并颁发奖状。

1937 年"七·七"事变后，驻沪日军蠢蠢欲动，企图在闸北再次挑起战争。沪太汽车公司全体职工同仇敌忾，集中所有车辆及机务人员待命。8 月 12 日深夜，公司接到通知，立即将全部车辆迅速开往嘉定、罗店、浏河等地，运兵来沪布防。除了司机出动，许多科室人员也随车运输。这天深夜，沪太路上灯光隐现，运载着士兵、弹药和各种装备的车辆鱼贯进入吴淞、江湾、闸北等地。黎明时分，乌镇路桥北堍等道路上铁丝网、沙袋包构筑的防御工事已悄然完成，我方战士严阵以待。

13 日上午，日军果然进犯闸北，立即遭到我守军的迎头痛击。淞沪抗战从此开始。

在上海抗战的三个月里，沪太汽车公司的所有车辆及机务人员始终奔忙在沪太路上，为前方将士运送军需物资。1937 年，沪太路被战火损坏。战事西移后，沪太汽车公司彻底破产。直到抗战胜利后，才重新复业，继续在被修复的沪太路上惨淡经营。1952 年，由苏南汽车运输公司上海分公司接办。

在建成通车 84 年后的 2006 年，沪太路开始拓宽改建，由双向 4 车道拓宽至双向 6 车道。

拓宽改建后的沪太路

上海特别市划界之争

1927 年南京国民政府建立后，国民政府颁布《特别市组织法》：鉴于上海实为中国最重要的工商业城市，而在行政建制上仍为县级，辖境也仅以上海县境为主，决定将上海辟为特别市，隶属于国民政府，任命黄郛为第一任市长。

黄郛（1880 - 1936），上海特别市首任市长

国民党中央政治会议多次讨论《上海市政府组织大纲（草案）》和《上海特别市暂行条例（草案）》。7 月 4 日，国民党中央政治会议第 101 次会议决议，修正通过《上海特别市暂行条例》，确定上海"为中华民国特别行政区域，定名为'上海特别市'，不入省、县行政范围"，"上海特别市设市政府直隶中央政府"。

这是上海设市之始，也是全国第一批建市的城市。"特别市"是第一次把"市"作为行政区域单位确定下来，所以一般把 1927 年 7 月 7 日上海特别市的设立作为上海设市之始。

当时，上海特别市区域属于淞沪商埠管辖地区，还有宝山县的大场、杨行 2 乡，青浦、松江 2 县所属的七宝乡部分地区，松江县所属的莘庄乡小涞港、竹冈塘以东部分地区，南汇县周浦乡部分地区共 30 市乡。整个市区拟划为 30 个区（租界除外，为特别区），并拟沪北为商业区、浦东为工业区、沪西为居民区、沪南为农业区。

经上海特别市政府呈请，国民政府指示江苏省派员会勘。10 月 15 日，上海特别市政府、江苏省政府代表及上海、宝山、松江、南汇、青浦 5 县县长，议决上海特别市区域以上海市政府呈请国民政府文内所定之区域为范围。市府秘书长会同省府代表往大场、杨行、七宝等地勘测定界、绘图，咨请江苏省民政厅查照，呈请国民政府鉴核备案。10 月 18 日，国民政府批准备案。

这个方案牵涉到省市划界与交接，引起了不少纠葛和争执。1928 年 2 月，上海县闵行等

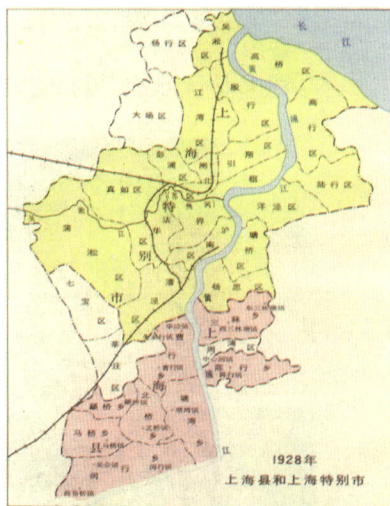

1927 年 7 月 7 日，上海特别市成立。1928 年 7 月 1 日，上海县、市分治，上海县划陈行、三林、曹行、塘湾、马桥、北桥、颛桥和闵行 8 乡。1933 上海县迁治北桥镇。

1928 年，上海县和上海特别市

12 乡董事对市府工务、公用等局的咨询、有关调查各事公函，以闵行等乡不在市政府管辖之下为由，不予答复；并以"区域范围未定，政治庞杂堪虞"，联名具呈县府，"请明白宣布"。上海、宝山、松江、南汇、青浦5县也以"上海特别市区域与县区域权限不清，办事困难"，由地方各法团组5县县治讨论联合会进行讨论。江苏省政府以为，省、市划界，因双方在事务上互相牵连，不易立时划分之处甚多，须派员详细调查后，方可酌夺办理。同时，对市府接收市、乡行政也颇多异议。普遍的诉求是，另议方案，以安人心。一时函电纷驰，据理力争。

国民政府派蔡元培、王世杰等出面协商调解。3月25日，国民政府常务委员蔡元培在南京大学院召开审查委员会，江苏省政府主席、秘书长、民政财政两厅长、上海特别市政府秘书长等参加，讨论上海和南京两特别市政府的权限和管辖

蔡元培（1868-1940），
国民政府委员兼监察院院长，
国民政府首任教育总长

王世杰（1891-1981），国
民政府首任立法委员

区域等问题。关于上海特别市，议决市区域维持原案，唯其中上海县西南8乡及松江属莘庄，青浦、松江2县属七宝，南汇县属周浦，宝山县属杨行、大场等乡部分，俟事业进展有接收必要时，再行接收；先行接收17市乡。并作出报告书呈国民政府，国民政府令行遵办。

然而，因省、市两方对所应接收部分及办法都没定，交接又起风波。5月11日，市府派员莅上海县政府，接收应先接收的11市乡；可县府未奉省令，不便移交，接收未果。5月17日，上海、宝山2县行政联席会议提出："上、宝两县一市（蒲淞市）十三乡之意见，皆以商业未振，地方财政困难，不愿划入特别市内，惟以地方之关系，真如乡拟划桃浦以东入特别市区域内，桃浦以西仍隶真如乡。蒲淞市和法华、漕泾两乡拟以沪杭铁路为界，南自龙华，北抵吴淞江，凡在铁路以东者皆划入特别市内，其余仍分属于一市两乡。引翔乡毗连租界，因无反对划入之理由，但人民生计困苦，又受筑路圈地之压迫，因此亦难允诺。"

随后，国民政府内政部派员莅沪，组织有省、市代表参加的接收市乡筹备委员会，于6月14日起开会讨论。23日再次召集会议，作出有关划界、公安、建设、税收等12项决议，确定7月1日市、县交接。

到7月1日，市府派代表7人临上海县政府办理交接，因县府未奉省令，又未果。县、市两府即电省府，请告知办法。

7月3日，县府奉省民政、财政两厅训令，将划入上海特别市区域内的行政、财政、教育各职权造册。9日，市府派员到县府办理交接手续，接收11市、乡。闵行、塘湾、北桥、马桥、颛桥、曹行、陈行、三林等乡为暂缓接收区，上海县就仅存这西南8乡了。至此，划界争执暂告一段落。

1930年5月，国民政府又颁布《市组织法》，规定取消"特别"而一律称"市"，"市"一律隶属于行政院。于是，上海特别市改称"上海市"，并沿用至今。

1938年，伪督办上海市政公署将上海、宝山、川沙、南汇、嘉定、奉贤、崇明7县划入上海市。这样，除七宝、莘庄外，1928年暂缓接收的上海、宝山2县11乡就悉数划入了。

抗战胜利后，上海县、宝山县又划归江苏省。1947年3月10日，国民政府内政部召开上海市划界会议，拟将前缓接收区划入市区域。12月，上海县参议会致电江苏省社会处处长钮长耀，称市政府对已辖地区尚自顾不周、自给不足，再行划入他乡只增负担，未必能增收入，县民也有害无利；又从历史、地理、风俗各方面指出上海县应保存的理由，反对将上海县划入上海市。12月27日，上海市长吴国桢致电江苏省保安司令部，"关于省市划界问题……暂维现状，俟时局平定后再议。"

直到1958年1月，上海县、宝山县才由江苏省回归上海市。

毁于战火的吴淞大学城

　　吴淞地区，堪称上海高等教育的摇篮。在两次开埠促进吴淞发展的过程中，这里先后崛起过众多大中专学校，渐成蔚为壮观的吴淞大学城雏形。这是上海最早的"大学城"。

　　首开先河者，是中国公学。清光绪三十一年（1905年），学校借上海民房创办。次年，两江总督拨炮台湾百余亩公地，兴建校舍。宣统元年（1909年）迁入新校址。初期开设大学班、中学班、师范速成班，后逐步发展成包括文、法、商、理四院17系的综合型大学。中国公学的历任校长、标董都是学界或社会名流，有邵力子、郑孝胥、于右任、王云五、陈果夫、潘公展、

中国公学旧址

马君武、张东荪、胡适、宋教仁、吴开先、蔡元培、杜月笙、叶揆初等。学校聘请了不少饱学之士授课，有郑振铎、沈从文、陈同生、冯沅君、高一涵、傅东华等。孙中山、鲁迅、郑伯年、潘梓年等也常应邀到校演讲。不少学生日后成为社会栋梁，有欧阳予倩、吴晗、

1928年4月，胡适被推举为中国公学校长，开创中国公学的黄金时代

陈波儿、韩念龙、陈沂、杨杏佛，张奚若等。

胡适曾是中国公学的学生，后被遴选为校长。他主政两年，"使垂老颓唐的中国公学，改头换面，造成一个活泼可爱的少年中国公学。"学生人数由 30 余人，增加到 1 300 余人。"实际上，自民国十七年四月至十九年一月在胡先生担任校长这一段期间，是中国公学黄金时代，无论从学校秩序上或教育内容上看皆有显著的进步。"1952 年 12 月 23 日，胡适应邀返台讲学，在中国公学校友会举办的欢迎会上说："中国公学的'校史'，实在可以算作中华民国开国史和中国教育制度沿革史的一部分，它的光荣、它的价值，将是不朽的、崇高的。"作为

中国公学大学部学生会执监委员全体合影

近代中国最早的私立大学之一，从筹办开始，中国公学就承载着近代中国知识分子关于家国、大学的恢宏梦想与期许，深深烙上了"天下兴亡，匹夫有责"的鲜明印记。[1]

民国 21 年（1932 年）"一·二八"淞沪抗战中，中国公学校舍遭到严重破坏，教育部勒令其逐年结束，办到原有学生毕业为止。

其次是复旦公学。光绪三十一年（1905 年），马相伯、严复、熊季康、袁希涛等与原震旦学院部分爱国师生一起，在吴淞提督行辕旧址（今吴淞中学内）创办复旦公学。这就是复旦大学

---

[1] 章玉政著《光荣与梦想：中国公学往事》，浙江人民出版社 2014 年 1 月版

1905 年制订的《复旦公学章程》

马相伯，1905 年创办复旦公学

的前身。马相伯任监督（校长），聘请宝山人袁希涛为首任教务长。复旦公学建校，严复贡献最大。他领衔发起向上海绅商各界募集经费，并协助制订《复旦公学章程》。继马相伯之后，严复、夏敬观、高凤谦相继出任监督。早期学生中，陈寅恪、竺可桢等后来成为社会名人。

1911 年辛亥革命后，因校舍被光复军司令部占用，复旦公学一度停办。民国元年（1912 年），暂借徐家汇李公祠复课，次年转为私立。董事会聘请孙中山等名人为董事，李登辉为校长。民国 6 年（1917 年），更名为私立复旦大学，开招大学本科生，并在江湾翔殷西路（今邯郸路）购地 70 余亩，建造校舍。民国 11 年（1922 年），另一批校舍落成，当年有学生 316 人。

同济大学校舍

同济大学校园全景及周边农田

同济大学原是德国人创办的同济德文医工学堂。民国 6 年（1917 年），华董吁请收回由国人自办，从市区迁入吴淞炮台湾，借中国公学及海军学校校舍开学，称同济医工专门学校。民国 8 年（1919 年）购地 150 亩，建造新校舍。民国 12 年（1923 年）改名为同济医工大学，民国 16 年（1927 年）8 月定名为国立同济大学。民国 25 年（1936 年）起，设医、工、理三学院。

民国26年（1937年）"八·一三"淞沪战争中校舍遭严重毁损，学校离开吴淞内迁。

吴淞商船学校（大连海运学院前身），清宣统三年（1911年）建于吴淞炮台湾，设轮机与驾驶两科。民国4年（1915年）因财政困难停办，校舍改为吴淞海军学校。民国18年（1929年）

遭日军轰炸后的同济大学大礼堂

吴淞商船学校

复办。

江苏省立水产学校（上海水产大学前身），创办于民国元年（1912年），次年位于吴淞炮台湾的新校舍落成后迁入。初设渔捞、制造两科，民国10年（1921年）增设养殖科，后又陆续增设其他多科。"八·一三"淞沪战争中校舍被毁，学校停办。抗战胜利后在复兴岛复校。

国立自治学校，开办于民国12年（1923年），以吴淞商埠局旧址为校舍。民国14年（1925年）改名国立政治大学。翌年改建校舍，设本科、预科两部，本科设政治、经济、社会、外交四系。民国16年（1927年）停办。

江苏省立水产学校校门

　　国立中央大学医学院（今复旦大学上海医学院前身），民国16年（1927年）由公共卫生学家颜福庆创办于吴淞，学制7年。"一·二八"淞沪战争中校舍被毁，学校迁入上海市区。

颜福庆，1927年创建国立第四中山大学医学院

　　此外，在宝山县城西部的泗塘河畔，还办过劳动大学农学院，与大学园区有关联的藏书会、公共体育场、阅报社等。

　　多年耕耘，吴淞大学城形成了雏形，但最终毁于日寇侵略战火。只有留存下来的同济路、水产路等大学路名，昭示着这里曾经的辉煌。

罗店人记忆中的"血肉磨坊"

十几岁就参军的冯玉祥将军，戎马倥偬数十年，什么仗没打过，一般情况下都不会心软了吧。但回忆起惨烈无比的淞沪会战，老将军悲痛异常，"这个战场就像大熔炉一般，无数部队填进去就熔化了！我们的部队，每天一个师又一个师投入战场，有的不到三个小时就死了一半，有的支援五个小时死了三分之二……"

在 1937 年的淞沪会战中，日军和国军都投入了重兵，集中了数百架飞机、数百门火炮，参战的日军军舰超过 40 艘。

罗店前线的抗战将士

双方力量悬殊，国军以劣势的装备对抗日本最精锐的部队和陆海空立体化大兵团进攻，火力上差别太大，完全被日军压着打。能与敌抗争的，唯有不屈的精神和斗志。那是抗战历史上最惨烈的一场战役，被称为"淞沪绞肉机"。其规模之巨大、作战之持久、伤亡之惨重、战斗之激烈、影响之广泛，不仅在中国抗战史上绝无仅有，就是在中外战争史上也极为罕见。

而日军主攻方向的宝山，战斗也异常惨烈。其中罗店争夺战，更是激战中的激战、恶战中的恶战，被称为"血肉磨坊"。

罗店的文史资料，点点滴滴，都是国军浴血奋战的英勇事迹——

8月25日凌晨，第67师201旅在旅长蔡炳炎带领下，奉命向陆家宅的日军第11师团一部3 000余人发动攻击。日军由重炮、飞机开路，步兵紧随其后冲锋；我军官兵殊死相拒。激战中，蔡炳炎旅长向全旅官兵立下军令："本旅将士，誓与阵地共存亡，前进者生，后退者死，其各凛遵！"战至午后，全旅伤亡殆尽，402团团长李维藩及多数营、连、排长阵亡，蔡炳炎率唯一的特务排和1个营杀入敌阵，被一发子弹飞来贯穿胸部，当即倒下，牺牲前还扬手高呼："前进！前进！"为国捐躯是时刻准备着的——出征前，他在给妻子的信中写道："殊不知国难至此，已到最后关头。国将不保，家亦焉能存在？"

27日，战况更趋惨烈。当夜，罗卓英调集部队由月浦、新镇、罗店、蒲家庙之线继续向登陆日军冲击，日军主力第11师团以大炮、飞机、坦克应战。小小的罗店，再度被炮声、杀声淹没，双方来回拉锯，反复冲杀。我军主力彭善的第11师和李树森的第67师，携手作战，轮番上阵，坚守五昼夜之久，无数次打退日军进攻。在给敌以重创的同时，两个师的官兵伤亡巨大，相继阵亡1个旅长、2个团长，战死的营、连、排一级军官更是数不胜数。第67师

巷战

肉搏

师长李树森身负重伤无法继续指挥，黄维从德国紧急应召归国指挥战斗。

　　日军后继部队到来，发动了更猛烈的攻势。28日，坚守罗店的中国军队与敌军连日激战后，因伤亡过大，阵地被突破。

日军重炮连续不断炮轰，飞机盘旋在空中配合肆虐，国军几乎无法行动

29 日，黄维率第 67 师夺回阵地，但受到敌方强大火力轰击，尚未站稳又被迫撤出，罗店终告沦陷。

后来有军事专家评价：如果说第一次世界大战中的凡尔登是一架"绞肉机"，那么淞沪会战中的罗店则是一座不折不扣的"血肉磨坊"——尸积如山，血流成河，整个城镇片瓦无存，唯余焦土，惨酷之状，不忍卒睹。

中央电视台的纪录片则这样表述："罗店，地处太仓、嘉定和宝山之间，是当年日军从长江口入侵的要冲。淞沪抗战的激烈争夺中，聚集在罗店的军民，在这块弹丸之地，与敌人殊死拼杀了 37 天，展开 13 次拉锯战，双方的伤亡都极为惨重……为此，每当日本侵略军提起罗店，都会惊恐地把这里看作是一座'血肉磨坊'……"

今天，鸟语花香的临江公园，建有上海淞沪抗战纪念馆，并保留着几处战场遗迹。淞沪会战时，第 18 军 98 师 292 旅 583 团第三营副营长姚子青率部在此坚守城垣，全营 600 多名官兵最后全部壮烈殉国。牺牲时，姚子青年仅 29 岁。陈化成纪念馆西南侧的草坪上，竖有"姚子青营抗日牺牲处"石刻纪念碑。

中国守军奋力抵抗，罗店阵地三次被日军占领，又三次反攻夺回

2015 年，在纪念抗战暨世界反法西斯战争胜利 70 周年的

中国军队在简易阵地防守

日子里，罗店出身的外籍企业家、罗溪民间艺术文化创作者协会名誉会长赵平华，发愿以本土抗战历史为题材，排练一出大型史诗剧，来报效乡里。

于是，邀请专业编剧、导演，从大量史料中发掘创作素材，真实再现罗店战场上壮烈殉国的首位将军蔡柄炎的英雄形象。罗店百姓听说这部抗战戏招募群众演员，踊跃报名。50多名群众演员中，有年逾八旬的老人，也有出生刚几个月的襁褓中的婴儿。

经过短短两个多月的排练、打磨，几代罗店人记忆中的抗战往事，被演绎成大型史诗剧《血色丰碑》。

在宝山演了多场，《血色丰碑》到上海大剧院隆重公演。随后，又被青浦区政府采购，进东方绿舟可容纳3 000余观众的剧场，连演了三个月、十场。

《血色丰碑》剧照

吴淞老街轶事

民国4年（1915年），吴淞老街爆发过一场震惊动全国的大火。"10月10日夜，吴淞镇中市大火，延烧至翌日中午方熄，计焚屋1 300间，受灾户哀嗷露处，省府拨银3 000元急赈。"[1]

谁也料想不到，这场大火的导火索，竟是一只硕鼠。

当时，吴淞老街上一家有名的药铺，因店里储存不少药材，引来了老鼠。老鼠啃噬了党参、黄芪、红枣等，还在药材上拉屎拉尿，被喂得又壮又大。那日，有店员逮到一只大老鼠，问老板怎么处理。老板咬牙切齿说："烧！"店员便找了根麻绳，把硕鼠绑在店堂里的八仙桌腿上，浇上煤油，点火烧。哪知绳子先被烧断了，带着半截导火绳的硕鼠逃脱，流窜到厨房，马上引起火灾……大火蔓延，一直烧到第二天中午，多少人流离失所。省政府拨款赈灾不久，又经泗河引长江水到泰和路，以预防火灾。

说到吴淞，最具代表性的就是老街淞兴路。这条东西向的

---

[1] 上海市地方志办公室网，吴淞区志

吴淞地区的杂货店

弹格路，尽管仅十几米宽，但马路两侧商家鳞次栉比，生意兴隆，百货、南货、布店、药房、理发店、照相馆、饭店酒肆……分门别类，应有皆有。从清朝吴淞开埠，这里就慢慢聚集起人气，逢年过节更是熙熙攘攘，热闹非凡。吴淞人昵称其为"吴淞的南京路"。

值得一提的是，1961年拍摄的故事片《51号兵站》，原型故事就发生在吴淞老街。

电影讲述的是1944年夏，上海地下党的物资站51号兵站由于叛徒出卖，运往苏中新四军的物资渠道被掐断。为了尽快恢复苏北新四军的后勤供给，中共华东局委派人员前往上海重

淞兴路旧照

建 51 号兵站……不过，现实生活中的中共物资站并不叫"51 号兵站"，而叫宝丰渔行；主角"小老大"惊心动魄的故事，综合了《51 号兵站》电影文学剧本编剧之一张渭清及战友们的亲身经历。

为扭转日军扫荡和国民党政府断供给新四军造成的困局，新四军派员进驻上海，采购军需物资。在上海长大的新四军一师军需科科长张渭清，得力于中共地下党组织和地方爱国人士的帮助，一次次避开日寇查禁，把大批棉布、西药、医疗器材、通信器材、中外技术书籍、化学器皿和计量仪器等实验设备、20 多台机床和 450 多米无缝钢管（做迫击炮炮身用）运到新四

故事片《51号兵站》海报

军根据地；还在上海通过地下党组织，先后动员了120多位技术人员和工人老师傅，投奔苏中新四军军工部，为形成规模军工生产提供保证。

日军全面占领上海租界后，要完成采购、运输任务难度更大了。由苏北青龙港洪帮"老头子"潘海鹏介绍，张渭清与吴淞镇宝丰渔行老板蒋永清取得联系，新四军一师兼苏中军区上海地下物资采办组的秘密联络点就隐蔽在了渔行里。张渭清又联络地下党员、吴淞协泰米店老板陈金生，利用他的各种关系，开辟海上运输线。

后来，封锁越来越严，张渭清召集吴明义、郭熙伟、王义兴，及鲁南军区派来的代表张洪书、施文珏等商量研究，利用伪海防大队中队长朱才福婚宴结识伪海军司令龚锦钦、伪海防大队长胡老九、顾伯祥等人，并贿赂他们。从此，得以通过地下补给线，源源不断地向苏中新四军根据地运送棉布、纸张、药品、生铁、钢管等大量军需物资。合作时间长了，张渭清和胡老九成了好朋友，他经常向胡宣传国家民族前途，八路军、新四军英勇抗击日寇事迹和共产党的抗日民族统一战线政策，直到对方被深深打动，合伙做起了"南北生意"。一船船军用物资，在胡老九和他的部下教官史永芳、军需官徐义德、中队长朱福才等的安排和掩护下，悄悄驶出吴淞口……

从日寇、国民党军严密封锁的上海，"小老大"们组织运送到新四军根据地的军用物资达133船之多。

宝山望族

　　一方水土养一方人。宝山这方水土养育的好人家、好子弟，数数还真不少！

　　先说一位女中豪杰。张幼仪（张嘉玢）这个名字，宿命般地被跟徐志摩捆绑了一辈子。其实，媒妁之言与徐结婚又遭遗弃的前妻这个身份，遮蔽了她离婚后脱胎换骨的新生——上海滩商界女杰。虽然是怀着身孕离开的，但她没

张幼仪

有就此迷失自己，反而开始学德语，并在兄长张嘉璈支持下，出任中国首家女子银行——上海女子商业储蓄银行副总裁、南京路上著名的云裳服装公司总经理，意外地发掘了自己的经营能力。事业发达的同时，还把与徐生的大儿子培养成才。

张嘉璈

张嘉璈是银行家、实业家，著有《关于旧中国的通货膨胀》《关于旧中国的铁路建设》等，在中国现代金融史上留下了浓重一笔。

张氏兄妹中，还有一位别署"世界室主人"的张君劢（张嘉森），政治家、哲学家，早期新儒家的代表之一。他学贯中西，被称为"中华民国宪法之父"。

宝山张家是大户人家，祖父是晚清县官，父亲是一方名医，后因意外事件而家道中落。但张家兄妹八男四女个个自强不息，一半成为上海滩乃至现代中国的名人。

除了张家兄妹，宝

张君劢

山望族还有——

"颜氏三杰"。颜惠庆，民国享誉中外的政治家、外交家、慈善家，官至北洋军阀政府总理，是宝山历史上官当得最大的。毕业于上海同文馆，留学美国，是弗吉尼亚大学第一位获学士学位的外国留学生。回

颜惠庆

到上海，成为圣约翰大学最年轻的华籍教授，主授地理、英文、数学等。受聘于商务印书馆，主编第一部完全由中国人编成的大型英汉辞典《英汉双解标准大辞典》，主编英文版《北京日报》。1910 年，东三省鼠疫大爆发，他参与组建满洲防疫处，这是中国近代以西医方法控制大规模鼠疫疫情的首次尝试，并一举成功。出使德国、丹麦、瑞典欧洲三国。作为外交总长，成功阻止对华严重不利的《英日同盟条约》续签，成功遥控中国在华盛顿会议上的诸项交涉。

颜德庆，著名工程师，中国铁路事业先驱。1895 年上海同文馆毕业后，随胞兄颜惠庆一同赴美，就读于理海大学，主修铁道工程学，获工程硕士学位。回国后，担任粤汉铁路及川

汉铁路工程师。后出任中国接收铁路委员长，协助鲁案善后督办王正廷接管胶济铁路，经艰难谈判，签署《山东悬案铁路细目协定》。

1923 年 1 月 1 日，在青岛朝城路主持胶济铁路移交仪式，此后任胶济铁路管理委员会委员长。

颜德庆

颜福庆

颜福庆，先在伯伯颜永京当监院的圣约翰书院学医，毕业后到舅舅吴虹玉创办的同仁医院当医师。后考取美国耶鲁大学医学院，以优秀生毕业，是第一个受完美国训练的亚洲人医师。1910 年，直接进入耶鲁大学在湖南创办的湘雅医学院，担任院长。1927 年，因才华出众、成绩出色，被具有国际水准的北平协和医院聘为院长。他最想做的，就是在上海办一流的华人医院和医学院，与天主教的广慈医院、新教的仁济医院一比高下。他一生从事医学事业，给上海留下了中山医院、华山医院和上海医学院。

"袁氏三兄弟"。袁希涛，清末举人，教育家。创办宝山县学堂、宝山中学、吴淞中学、太仓州中学、上海中学等校，筹设复旦公学、同济大学。民国时期，应教育总长蔡元培召，任教育部普通司司长、教育部次长，三次代理教育总长，后被选为江

袁希涛

苏省教育会会长。创办绘丈学学堂，实行清丈，使宝山成为当年全国各县土地清丈的先行者。对宝山的交通、农业、修理海塘、编纂《宝山县再续志》等都热心参与，竭尽全力。

袁希洛，清末秀才，后去日本留学，在东京参加孙中山的同盟会。在中华民国临时大总统的就职典礼上，代表各省将"中华民国临时大总统印"授予孙中山。1928 年起，先后任启东、

太仓、南汇县县长，业勤于政，不仅领导南汇人民在李公塘原址外的民圩上修筑了一条全长 25.97 公里的新塘（俗称"袁公塘"），而且为南汇的未来发展拟订了前景规划。

袁希濂，名律师。热爱书画，有很多作品传世。日军侵占上海后，仰其德望，曾请他担任上海市长，他坚拒不受。为人耿直，两袖清风，鬻字为生。

"潘氏父子"。潘鸿鼎，光绪三十三年（1907 年）任宝山绘丈学学堂堂长，培养宝山、昆山的土地清丈人才。次年，建立宝山县清丈局，任局长，制定清丈章程百余条。现有"袁希涛潘鸿鼎奖学金"就是因他而创办的。

潘光旦，原名光亶（因亶字笔画多，取其下半改为光旦）。社会学家、优生学家、民族学家。1927 年参与筹设新月书店。著有《优生学》《人文生物学论丛》《中国之家庭问题》等，另有译著《性心理学》（原著作者英国性心理学大师

袁希洛

袁希濂书法作品

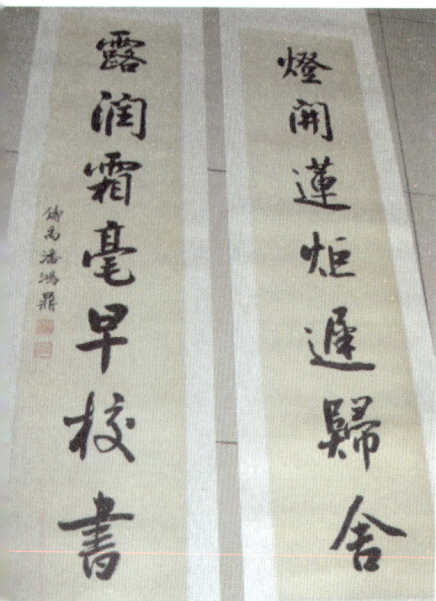

潘鸿鼎书法作品

霭理士，是与弗洛伊德齐名的性心理学泰斗）等。与叶企孙、陈寅恪、梅贻琦被誉为清华百年"四大哲人"。

潘光旦

百年沪剧中的丁婉娥

沪剧的起源，讲起来特别接地气。那本来是上海乡村田头传唱的山歌，流行在川沙、南汇一带的叫"东乡调"，流行在松江、青浦一带的叫"西乡调"。后来发展成有故事、有人物的，如《卖红菱》《拔兰花》等"同场戏"，也叫"对子戏"，由两个人演出，又逐渐发展为数人合演。1880年代，演出走进上海城区，观众以泥水木匠、小商贩为主，后来才影响到巨商大贾、政府要员。从花鼓戏、本地滩簧、申滩、申曲……名称换了又换。1927年以后，申曲开始演出文明戏和时事剧。1941年上海沪剧社成立，申曲正式改称"沪剧"。

从此，沪剧唱遍了上海滩。

1905年出生于罗店乡下贫困家庭的金荷英，9岁就到上海宝成纱厂当童工。白天辛勤做工，晚上跑到先施公司看"申曲"，越看越喜欢，就拜申曲名家施兰亭为师，跟施的大弟子丁少兰学戏，取艺名丁婉娥。后来与丁少兰结为夫妻，成立"婉兰社"，并首创"化妆申曲"和"时装新戏"，开了申曲艺术的一代新风。以罗店、罗泾、罗南为中心，一直到江湾、大场的宝山"北

丁婉娥

头沪剧"，在民间逐步蔓延，蔚然成风，世人称在宝山地区演出的沪剧演员为"北头先生"。

申曲唱片《三年会情》，丁少兰、丁婉娥演唱。1934 年德国制造，蓓开公司发行

与丁少兰分手后，丁婉娥独立办起"小囡班"，取名"婉社儿童申曲班"。那是她一生中最辉煌的事业，也是百年沪剧最绚丽的一道风景。

1936年春尽夏至，丁婉娥招收了20余名从八岁到十三四岁的"小囡"，成立了"婉社儿童申曲班"，女小囡有丁是娥、汪秀英、杨飞飞、筱爱琴、丁亦娥、丁贞娥、丁幼娥、丁又娥、丁月娥等，男小囡有朱介生、小福田、小秋秋、小鹤轩、王春松、吴旭文、小阿顺、朱解生、许龙龙等。丁婉娥广寻名师为他们说戏、教唱、练功、排戏，还规定每个小囡要学会一样乐器。

戏排好了，丁婉娥又四处奔走，设法进永安公司天韵楼游乐场自费白演，将小囡班推上舞台。出乎意料，"小囡班"一炮打响，被黄金荣看中，带进大世界演出，轰动了整个上海滩。他们演出的戏有《十教训》《叠沙头》《五更乱梦》《火烧百花台》《卖妹成亲》《蓝衫记》等。

1937年大世界遭炸弹轰炸，小囡班被迫停演。为安全起见，丁婉娥解散了"小囡班"。这些小囡，以后大多数成了沪剧界的剧团台柱、著名演员、流派宗师。

丁婉娥的徒弟中，最著名、最有成就的有丁是娥、杨飞飞、汪秀英、筱爱琴四位表演艺术家，都是开宗立派的掌门人。

丁是娥出生于虹口贫穷工人家庭，原名潘银男，银（引）男即希望她带个弟弟出来的意思。9岁被丁婉娥收为徒弟，师傅非但不收拜师费，还拿出 80 元来接济她家里。从此改名丁是娥，跟着师傅勤学苦练，担任了 200 多部戏的女主角，最出名的有《罗汉钱》中的小飞蛾、《芦塘火种》中的阿庆嫂、《鸡毛飞上天》中的林老师、《雷雨》中的繁漪等。创立丁派艺术，成为沪剧的代表人物。

丁是娥

1961 年沪剧《芦荡火种》。丁是娥饰阿庆嫂，邵滨孙饰刁德一，俞麟童饰胡传魁

丁是娥与杨飞飞

杨飞飞出生于浙江慈溪贫寒之家，原名翁凤清。9岁拜文明戏老先生胡铁魂为师，在大世界唱文明戏。后又拜丁婉娥为师，交不起100元拜师费，磕三个头就进了儿童申曲班。随师爷杨炳华的姓，取艺名杨飞飞，希望在艺术道路上越飞越红越飞越高。果然，在以后的艺术生涯中成就不凡，以"杨八曲"为代表，创立了完整的"杨派"唱腔体系，成为一代宗师。有70年历史的宝山沪剧团，便是杨飞飞创办的；现任团长华雯，也是杨飞飞发掘的。

汪秀英也是浙江慈溪人，本姓张，儿时住棚户区。早年拜申曲艺人汪彩荪为师，进"小囡班"后，唱、念、做、打都比其他小囡熟练，十三四岁就把落魄子弟"陆雅臣"演得活灵活现。日后在沪剧界创立了"汪派"，尤其是"赋子板"上百句唱词一气呵成，首屈一指。

筱爱琴是扬州人，原名吴彩珍。幼年丧父（医生），随母到上海一申曲演员家帮佣。先拜逄爱琴为师，取艺名筱爱琴，开始练功学戏。后经严格考试进"小囡班"，取艺名丁兰娥。她是最晚进去、年纪最小、貌相最好的小演员。后来唱《庵堂相会》出了名。她唱风格独特的"石派"，把"石派"唱到登峰造极。

丁婉娥退休前是上海沪剧院院长，可谓桃李满园，号称
"一百零八将"。其中不乏汪华中、路敬业等佼佼者，也有汝
金山、奚耿虎等转行音乐界成了名家。

沪剧名旦合影。后排左起小筱月珍、凌爱珍、王雅琴、石筱英、
汪秀英，前排左起丁是娥、韩玉敏、杨飞飞

"东方安徒生" 陈伯吹

1947 年，不到 10 岁的琼瑶写了篇小说《可怜的小青》，投稿给《大公报》"现代儿童"副刊，很幸运被录用了。这位后来名满天下的言情小说作家知不知道，编发她这篇小说处女作的编辑，正是中国现代儿童文学事业的先驱与奠基人之一，被誉为"东方安徒生"的陈伯吹。

陈伯吹

陈伯吹与时任文化部长王蒙(左)

陈伯吹兼任主编的"现代儿童"副刊，联络了很多当时上海及各地的儿童文学作家，如仇重、陈伯吹、范泉、黄衣青、方轶群、何公超、金近、贺宜、沈百英、郭风、包蕾、任大霖、严冰儿（鲁兵）、圣野、施雁冰等。出现在这个副刊上的，除了童话、小说、故事，还有寓言、诗歌、剧本、科学小品、科学小试验、历史故事、手工、谜语、连环画等。这副刊，成了那个年代上海儿童课外生活的芳草地，美好的记忆足以滋润一生。

那时候，陈伯吹的本职工作是国立编译馆教科书部的编审，负责小学国语教科书编写。中华书局出版的《小朋友》杂志，从1922年4月6日创刊到1937年"八·一三"事变被迫停刊，

陈伯吹与孩子们

每期都发行 5 万多份，一直居全国刊物发行量之首。不久，陈伯吹受聘筹备这本在中国儿童期刊史上资历最久、影响最大的杂志的复刊，并担任主编。

　　出生于宝山罗店的陈伯吹，年轻时在家乡小学教书，17 岁就开始了儿童文学创作，写出了第一部中篇小说《模范学生》（后改名为《学校生活记》）。1929 年，23 岁的他来到大上海，上午在幼儿师范讲课，下午到大夏大学听课，晚上躲在幼师 5 平方米的宿舍里彻夜笔耕。他向当时有名的文学杂志《小说月报》投稿，杂志主编、名作家郑振铎从他的职业优势和创作专长出发，劝他扬长避短，专攻儿童文学。陈伯吹欣然接受，从此就怀着“为小孩子写大文学”的执念，把自己的人生追求和命运，与儿童文学紧紧联系在一起了。

在日本侵华的日子里，陈伯吹奋笔创作了中篇小说《华家的儿子》《火线下的孩子》和童话名篇《阿丽思小姐》《波罗乔先生》。《华家的儿子》充满了战斗性，小说主人公"华儿"象征在屈辱中奋起的中国人民的形象。他想通过这样一个形象，唤醒全国少年儿童，坚强起来、团结起来，不做亡国奴，做顶天立地的"中国人"。这部小说在《小学生》杂志连载后，又出版了单行本。它不仅是陈伯吹创作生涯中的一部重要作品，也是中国现代儿童文学史上的一部名著。后来，在新四军领导的抗日地区的一些学校里，这本书成为学生课外阅读的补充教材。

从淞沪停战协定签署到日本人在太平洋发动"珍珠港事件"前夕，九年多安定的日子里，陈伯吹担任儿童书局编辑部主任，主编《儿童杂志》《儿童常识画报》《小小画报》三种杂志，还和儿童书局同事编了200本的《儿童半角丛书》、120本的《我们的中心活动丛书》……

在大夏大学、圣约翰大学、震旦女子文学院、北京师范大学兼职教授过"教材教学法""儿童文学"等课程，在新中国第一个少年儿童出版社担任过副社长，在人民教育出版社当过编审的陈伯吹，终于进中国作家协会成为一名专业作家。

这一时期，他不仅为新中国的儿童写出了短篇小说集《中国铁木儿》、童话集《一只想飞的猫》《幻想张着彩色的翅膀》、散文集《从山冈上跑下来的小孩儿》、论文集《儿童文学简论》等，著、译、编近 300 万字，出版书籍百余本；还经常到中

2014 上海书展，"陈伯吹国际儿童文学奖"签约

小学、少年宫与孩子们座谈、交朋友，参加少先队员夏令营和冬令营，与国内外许多少年儿童成为"忘年笔友"。

　　一生勤奋写作、教书、做编辑的陈伯吹，辛苦挣来的薪水、

2016 年"陈伯吹国际儿童文学奖"颁奖

陈伯吹陈列馆扩迁至宝山区图书馆后，面积增加到 500 平方米，收藏了文史资料、实物、照片等 600 余件

稿费尽量补贴家庭，自己节衣缩食、粗茶淡饭，恨不得一分钱掰成两半用。然而，1981 年春天，他却慷慨解囊，捐出一辈子积攒的 55 000 元，设立"儿童文学园丁奖"（1988 年，人们为了感念他，改名为"陈伯吹儿童文学奖"）。这笔巨款被作为奖励基金，存入银行，以每年的利息奖掖优秀作品，旨在激励作家为孩子们创作更多优秀的儿童文学作品。

25 年后，上海在宝山隆重纪念陈伯吹诞辰 100 周年。陈伯吹之子陈佳洱回到家乡，向区政府捐赠了其父的文史资料 265 件、实物 130 件、照片 200 余张等。让这些珍贵史料，在陈伯吹纪念馆里，熏陶爱好文学的一代代年轻人。

万盛酱园名扬巴拿马世博会

　　清朝和民国时期，酱园分两种：大部分是普通酱园，一小部分是官酱园。官酱园由"红顶商人"作保，好比国有控股公司。相传，民国初期，政府规定开设酱园须向当地盐政机关申请登记，领取执照，按期缴纳税款，并由政府配给一定数量的低价食盐，发放"官酱园"红漆招牌，供张挂于店堂。这招牌类似于现在的营业执照，有了它，运盐就比较方便，且税收比较低。

　　吴淞万盛酱园与大场万益、江湾元豫、罗店齐和顺齐名，合称当地"四大官酱园"。

　　万盛酱园创建于光绪十年（1884年），原址在淞兴路317号，

抗战时上海航拍照片中的万盛酱园

万盛酱园旧照

由江苏浏河朱氏等合伙开设。当地有一种传说：万盛创始人中，有一位后来成了大画家朱屺瞻的岳父。当时，朱氏除"万盛"外，在太仓、昆山、浦东、江湾等地也经营酱业，都获得官酱专利。

1930年代鼎盛时，"万盛"在区境内有总店1家、附设加工场1所、制作作坊2家、分店3家、200余职工，总资产达500万银元。雄厚的生产能力和经营规模，使之注重质量，产品远销国内外。

万盛酱园总店设于豆市路（现淞市路）51号，从裕通路（现裕溪路）延伸到淞兴路。淞兴路西段设豆瓣酱作坊，内有1幢两层楼发酵房，1幢原料仓库，晒场上有千余只七石缸[1]。另

---

[1] 石是古代的计量单位。一石等于十斗，一斗等于十升。所以，七石等于七百升。

酱园晒场

一家酿酒作坊在现淞兴路班溪路附近，有5幢六开间平房及仓库等。3家分店分别设于淞兴路中段、东段及中新路（现北新路）上。

民国3年（1914年），经农商部评选，万盛酱园酿制的白玫瑰酒脱颖而出，从吴淞码头启程，远渡重洋，亮相巴拿马万国博览会，引起轰动，与中国茅台酒分别摘得1915年巴拿马世博会的

出席万国博览会中国馆奠基仪式的各方华侨

银奖和金奖。白玫瑰酒得到"饮之不渴，一线入肚，回味香醇，清爽提神"的评价，为中国人赢得了至高荣誉。对于一个万人

1914 年 7 月 14 日，万国博览会中国馆奠基仪式

1915 年 3 月 9 日，巴拿马万国博览会开幕当日，中国馆内景

小镇来说，这实在是一件了不起的大事，所以至今为当地人津津乐道。

民国 21 年（1932 年）"一·二八"淞沪抗战中，日军飞机误认万盛酱园晒场上盖酱缸的箬帽为十九路军的箬帽兵，当即轮番扫射投弹，酱园损失惨重。民国 26 年（1937 年）"八·一三"淞沪抗战中，酱园的总店、作坊、分店几乎被日军炮火摧毁殆尽。战事西移后，酱园惨淡经营，勉强维持生意，抗战胜利后才稍有恢复。

万盛酱园经 1956 年公私合营、1960 年划归吴淞区粮油区店，后又归区粮食局，现已无迹可寻。

罗店龙船的兴衰

浙江鄞县出土过一面铜镜，画面是四名古人用手划龙船，可见龙船早在人类发明用桨划船前就有了。

闻一多先生的古典文学论文集《神话与诗》中，写到龙船，认为"龙舟竞渡应该是史前图腾社会的移俗""龙舟，只是文身范围从身体扩张到身体以外的用具"。

在中国，很多傍水的地方出龙船。水乡罗店，地处长江入海口，河汊众多，内河航运发达。始于明、盛于清的罗店龙船，仿制于吴越地区（主要是苏州）龙船，在实践中改进了与客观环境不适应处，又有诸多创造，地域文化风格明显。罗店龙船不像苏州龙船主要功能是竞渡（赛龙船），而被视为神物，重在观赏（"晒"龙船），专用于端午节的民俗活动。为此，船身改小到长6至8米、宽约2米，载重3吨左右；龙船分龙头、龙尾及主体三截，平时分开存放在庙里，龙船表演前夕才拼装连接起来，形成整体；苏州龙船上富丽堂皇的楼宇，也改成较小的亭阁，腾出空间让划手们舒展身手。罗店龙船船身小、船底平、行驶快，适宜在镇上不宽的河道行进。龙头用香樟雕刻，

1952 年罗店龙船活动

罗店镇居民创作的划龙船主题民俗画

龙嘴朝天张开,龙尾高翘,船的前部有罗店镇标志性古建筑"北极阁"式样的牌楼,后有艄亭,牌楼前扎"台角",船上"旗帐鲜明,锦彩夺目"。

龙船表演下午开始,连续两三个小时,尾随龙船的还有许多"快船"和"小划船"。每到表演时,舵手以脚踩船板,指挥众划手,船上乐班演奏曲目。数船并发,或前后追逐,或左右穿梭,或旋转调头,或交叉迂回,更以

罗店龙船

"打招"变换出千姿百态的奇妙队形。同时，丰富多彩、多达十几种的民间表演在陆上举行。

龙船表演

　　迄今已历 400 多个春秋的罗店龙船，原盛行于端午，但鉴于此时正逢黄梅雨季，又值江南农忙时节，人们不满足于龙船活动仅办一天，故自明代起，罗店龙船演变成连续数日的民俗文化盛会。活动由民间自发组织，经济来源出自商家投资，或按"大户出大份，小户出小份"原则集资。每年端午庙会，总是"引方圆百里之民众，呈万人空巷之盛况"，周边浏河、太仓、黄渡、安亭都有观众赶来看龙船表演。清光绪《罗溪镇志》称其为"擅一邑之胜"。人山人海，有一年眼睁睁看着木头桥被挤坍掉了，新造的一座桥就叫"新桥"。

　　罗店龙船的造船和划船者，均以"子承父业"的形式传承。

　　第一代造龙船的张氏兄弟，1932 年应邀进哈同花园表演，

罗店龙船传承人张福成制作的木雕龙船

哈同看了一高兴奖励他们一条小青龙。小青龙是什么？老照片阙如。后人只听前辈讲到过，却没有追问。是一条可以表演的龙船吗？还是造一条 6 米长龙船的经费？倒是有张老照片，珍藏于原南市区某博物馆，画面是罗店龙船应邀在半淞园表演。罗店龙船还曾假装表演，偷偷从太仓、常熟运米回罗店，在日本人眼皮底下过，日本人看见这么好看的龙船，误以为是表演，轻易就放了行。

张家的龙船生意中断于 1958 年，第三代张氏兄弟进宝山、浦东造船厂当工人，造铁驳船去了。"文革"中，龙船被烧毁。1983 年，张家筹建恢复传统，挖掘罗店龙船的历史。1993 年，张氏兄弟从造船厂退休，张家老的做不动了，小的没见过，龙

1993 年张家兄弟打造的青龙

张国忠与父亲张福成

船濒临失传。

　　而今，罗店龙船成了国家级非物质文化遗产，接力棒传到第四代张氏兄弟张国忠、张亭源手中。做船、出租，老张家重新业务兴隆，可是这对国家级非遗传承人也已是 60 岁上下的年纪了。2007 年至今，他俩就没造过船，平时仔细保养现有的龙船，做些小船模型等衍生产品进校园推广。张氏兄弟念叨着"罗店龙船要市场化、数据化，要做三维数码""一条船十几个划手，大多年龄偏大了，今年要新招社会力量"，让人感觉这份事业大有前景。

　　罗店镇非常重视非遗传承，镇上已有 4 条龙船，准备再造

上海宝山国际民间艺术博览馆展出的龙船模型

3 条。每年 5、6 月间在美兰湖及沿岸举行罗店七彩龙船节，引来了东方电视台的直播。美兰湖是上海第二大人工湖、中国著名小城镇，被誉为"北上海最美丽的地方"。罗店龙船与美兰湖，在龙船节上交相辉映、彼此成全。

今年的龙船节，6 月 18 日美兰湖接纳了八方观众 5 万人次。19 日下大雨船划不成，有一位 90 岁金山老人换了三部地铁赶到，只听了龙船节的介绍就连连说"这趟没白来"呢！

远去的吴淞鱼市、宝山鮰鱼

听老一辈的宝山人说，兴旺的吴淞鱼市在 1930 年代远近名闻，上海一半以上水产品是吴淞供应的。这里曾经渔船桅杆林立，鱼腥味、海潮味随风飘散，渔歌号子、酒肆猜拳令此起彼伏；这里是鮰鱼的娘家，还有野生银鱼、刀鱼、鲥鱼、白虾等珍贵的长江下游水产品活蹦乱跳。当年，蒋介石、宋美龄夫妇慕名到过吴淞军港吃海鲜呢！

吴淞在成为市镇之前，就是一个渔村集市，"十家三酒店，一日两潮鲜"。上海开埠后，沿海各地和远洋运来的鱼品有不少就在吴淞集散，形成了少有的淡水鱼和海鲜兼营的吴淞渔市。吴淞镇紧靠淡水鱼产地长江口渔场，镇南侧的蕰藻浜口是靠近长江的天然避风良港，长江口的鮰鱼捕捞后首先在吴淞镇上市。

民国 18 年（1929 年），吴淞渔市上市的长江口淡水鱼达 9 000 担，海鲜近 6 万担。据当年统计，淡水鱼中鲚鱼 3 600 担、白虾 2 520 担、银鱼 1 800 担。海产中，黄花鱼 4.55 万担、鲞鱼 3500 担，海蜇、鱼干近 5 000 担。当时，进入吴淞渔市的咸鱼干有国产品和进口货之分，国产品主要来自大沽、烟台、

吴淞口渔船挑网捕捉银鱼

威海卫、大连、温州、宁波、舟山等地，进口货则来自加拿大、日本、苏联。

长江口可捕捞的鱼类有 40 多种，其中最有名的要数鮰鱼。鮰鱼产于长江口宝山、崇明一带，因与"回"同音，民间通称"回鱼"；学名"长吻鮰"；俗称"江团""白吉""肥头鱼"。鮰鱼在长江中上游产卵，新鱼 8 月下旬游至下游，已长到 3 至 5 斤，体态粗长，腹部膨隆，尾呈侧扁，少数个体可达 20 斤。苏轼有诗《戏作鮰鱼一绝》赞曰："粉红石首仍无骨，雪白河豚不药人。寄语天公与河伯，何妨乞

宝山鮰鱼

与水精鳞。"鮰鱼兼有河豚、鲫鱼之鲜美，而无河豚之毒素、鲫鱼之刺多，不仅质细味美，且补中益气、开胃利水。仲秋时节，"菊花江水鮰鱼肥"，上海人纷纷到吴淞郊游，品尝吴淞江红烧鮰鱼、鮰鱼肚等名菜。

捕获到大沙鱼被运往上海鱼市场

吴淞老镇上，建于 1937 年的永兴酒菜馆名扬四方。这家馆子近水得佳鱼，烹饪长江口各类水产，尤以红烧鮰鱼、清蒸刀鱼、银鱼炒蛋等著称。"八·一三"淞沪抗战，酒菜馆毁于日军炮火。

次年，该店职工黄宝初约了五名里人，各出资 100 元，合资 600 元，搭盖简屋恢复经营，取名合兴酒菜馆（今吴淞饭店）。"合兴"，寓意合作经营、兴旺发达。可惜开业两年，"客不盈门"，黄宝初决定关门大吉。相传，关门当晨，有一大青蛇闻香烟而消循。当夜，黄宝初又梦见大青蛇口衔鮰鱼至床前，他惊醒后，认为此乃神蛇指点，酒菜馆当主打鮰鱼牌，遂重开菜馆。

重开的合兴酒楼，首推"红烧鮰鱼"招徕顾客。烹饪十分讲究火功火候，掌握好"两笃三

红烧鮰鱼

焖"——一盘鮰鱼至少要烧上半个小时，其中两次用旺火，每次两三分钟，大部分时间用文火焖，使鱼块完整而鱼肉酥绵细糯，鱼肚自然成茨为佳。上桌的"红烧鮰鱼"色泽红亮、酒香微溢、咸中带甜、鲜嫩不腻，不久便成沪上一绝。见酒菜馆顾客盈门，黄宝初又约请八名里人，每人出资老法币800元，加上原有资金，以8 000元建造两幢木结构房，仍挂牌"合兴酒菜馆"营业，成为当时吴淞和宝山的名餐馆，海内外食客纷至沓来。1949年后，合兴馆生意更为兴隆，1956年成为吴淞首家公私合营企业，1990年代被评为上海老字号餐饮店。

除了鮰鱼，吴淞镇特产凤尾鱼最为知名。成熟的凤尾鱼肉味鲜美，被加工成罐头远销各地。还有近海黄花鱼，分为南洋鲜和北洋鲜两种。南洋鲜产自浙江舟山等渔场，北洋鲜产自吕泗洋面。汛期每日有数百艘渔船靠岸卸货，鱼价十分便宜。四乡百姓每家每户买回数十斤黄鱼回去腌晒，作为当家荤菜可吃上半年。

吴淞鱼市如今已难觅踪影，合兴馆也随着市政建设与老镇改造消失了。而生态环境变化，长江水质越来越不好，加上捕捞强度过大，使得"长江口三宝"鮰鱼、刀鱼、鲥鱼产量锐减，野生鮰鱼更是越来越稀少，濒于枯竭，早已无法满足消费需求。现在市场上供应的鮰鱼大都为人工饲料喂养，产量虽多，味道却难与野生鮰鱼媲美了。

海纳百川的月浦锣鼓

月浦传统锣鼓与北方威风锣鼓、山西太原锣鼓、四川闹年锣鼓融合而成的海派锣鼓——月浦锣鼓，起源于清朝中期，流传于原宝山县的月浦、罗店等地区。鼎盛时期，仅月浦民间就有 15 支锣鼓队。

当年，月浦的经商小贩挑着货担行乡串巷，一边吆喝，一边敲击手中小鼓，吸引人们出门购物。据传，商贩的小鼓类似于江苏南部的"花香鼓"，鼓面直径 25 厘米左右、厚度约 3.5 厘米，单面蒙皮，音量较小但音色清脆。以后，当地民间艺人将货郎小鼓作为乐器，在江南丝竹的演奏中起点缀作用。

清末，为参加庙会、灯会等庆典活动，当地鼓手将货郎小鼓的形制扩大到直径 33 厘米、厚度 7.7 厘米，两面均蒙皮，还做了鼓架。这样，大大增加了音量，音色也较为浑厚，更适合室外演奏。经过长时期的演变和几代民间艺人的创造，演奏也相对定型：通常是八只小鼓，分两边对称而立，常用"对奏"方法。为增加色彩，还在鼓沿扎上绣有铁拐李、张果老、钟离汉、蓝采和、何仙姑、吕洞宾、韩湘子、曹国舅等八仙形象的彩绸，

月浦锣鼓

这就是流行于宝山月浦、罗店、罗南、江湾一带的"八仙对鼓"（也称"八拍对鼓"）。为丰富表现力，时常加入木鱼、小锣、小钵等小件打击乐器，成为上海小锣鼓中的"细锣鼓"或"清锣鼓"形式。在特别盛大的场合，还加入唢呐、笛子及丝竹乐器，成为吹打乐或民乐合奏形式。每年三月二十八日庙会、正月十五元宵、五月端午划龙船，各地乐手云集，击鼓对阵，一比高下，成为最吸引游人的节目。邻近农家有结婚喜庆，乡间乐手也会应邀前往吹打助兴。

在月浦和周边地区流行的民间器乐曲中，不仅绝大部分的曲目中有锣鼓，而且还有众多以锣鼓为主的器乐曲，例如《十番锣鼓》《八仙队鼓》《小十番》《柳腰令》《五梅花》《普天乐》《扬子江中》《香花奉清》《赞灯》《橄榄》《妙哉三彤响》等。其中《十番锣鼓》在上海崇明、闵行、嘉定、宝山等地区广泛流传，《八仙队鼓》则是流传于月浦和周边地区的代表性乐曲。

流行于民间的锣鼓艺术以前得不到重视，直至宝钢冶建大军入驻月浦，不同流派的锣鼓在月浦相继涌现，才使传统表演形式发生了质的变化，在"八仙对鼓"基础上形成新型的"月

月浦锣鼓

月浦锣鼓

浦锣鼓"：扩大了乐队编制，加入大鼓、排鼓、十面锣、铜响器等，大大增强了气势，表现力更为丰富；创作了《奋进鼓典》《年会》《古炮台之魂》等一批优秀曲目，在市级艺术比赛中获奖；广场艺术舞台化，新创作的打击乐《搏》进了上海音乐厅，并获大奖。

月浦锣鼓是海纳百川的产物，无论是传统意义上的月浦锣鼓，还是当代的月浦锣鼓，均在博采众长中发展而成，在引进后提升，在借鉴中出新，从而形成自身特色。月浦锣鼓的大型演奏，队伍庞大，气势恢宏，热烈喜庆，激情澎湃，威风凛凛；小型演奏则以绚丽多姿的音乐形象，体现当地的风土人情，世间百态，喜怒哀乐，以节奏的快慢轻重、刚柔并济，营造出引人入深的情感氛围，擅长表达鲜明的主题和跌宕起伏的情节。

月浦锣鼓

　　无论是大型演奏还是小型演奏，演奏员在演奏同时，运用肢体语言表达不同情绪，使演奏达到声情并茂的效果。有的演奏员还会以特定的角色、戏剧化的动作，使整个表演富有趣味。

　　月浦地区既有本镇居民的锣鼓队，也有辖区内工矿企业的锣鼓队，还有驻军部队的锣鼓队。各支锣鼓队的演奏风格各异，有擅长"威风锣鼓"的，有擅长"闹年锣鼓"的，有擅长"喜庆锣鼓"的，也有擅长本土传统锣鼓的。在众多的鼓队中，涌现出了演奏水平出类拔萃的优秀团队。

2003 年，月浦获得"全国民间文化艺术之乡"称号，月浦锣鼓也因此一举成名。月浦镇创办了全国首个乡镇级的"百鼓陈列馆"，展出各类锣鼓百余种，较为系统地反映了中华锣鼓的发展轨迹和风貌。从此，月浦锣鼓成了艺术形式的特定称谓，进入上海市首批非物质文化遗产名录，月浦镇因此被称为"鼓乡"。

传统的月浦锣鼓，活跃在民间的节庆活动中，成为当地群众喜闻乐见的节目形式；现代的月浦锣鼓，不仅多次在国际和市、区的文化活动中亮相，而且已成为月浦特色民俗文化的标志。月浦地区锣鼓协会成立以来，月浦镇已先后举办过八届"锣鼓年会"和三届"宝山国际民间艺术节"活动。2007 年，月浦锣鼓艺术团出访参加了欧洲的民间艺术节。

在过去的民间生活中，锣鼓还起过重要的作用。据月浦老人说，当地大部分村庄里有人家在家中备大锣，主要派两个用场：一是遇到急难用于报警，二是粮食作物成熟时用于驱赶麻雀。

罗泾十字挑花里的门道

　　在江南水乡，女性的头巾、系身等日常穿戴"不挑花不能用"？见了罗泾十字挑花，才相信这话当真，至少曾经是这样。

　　从前，在罗泾镇，十字挑花是十分常见的生活用品。日常劳作中，妇女习惯用头巾兜头，夏天防晒，冬天保暖，在田里干活还防尘，有些妇女长年累月都戴头巾。据《太仓县志》和《浏河镇志》记载，"兜头手巾"是当地女性服饰的一种。

　　罗泾十字挑花广泛应用于日常生活，从"兜头手巾""系身钩"等妇女服装服饰，逐步扩展到肚兜、包袱布、鞋帮、上衣、裤子、布裙、枕头、床沿、床帘、门帘，以及幼儿用的叉胸、"沾馋"等，近些年还出现了用十字挑花制作的靠枕、杯垫等一些现代生活用品。眼下流行的十字绣，就起源于挑花这种中国手艺。

　　罗泾地区与十字挑花有关的生活习俗很多。女子出嫁，挑十字花的"兜头手巾""系身钩"是必备嫁妆，且须由新娘亲手制作，以向婆家展示自己心灵手巧。新娘被接到婆家，进洞房前双脚不能沾地，须由两位男方近亲女长辈用两只挑

十字挑花靠垫

十字挑花丝巾

十字花的"大系身"轮流放到新娘面前，让她踩着入洞房，当地人称为"移升"或"又胜"（方言中与"系身"基本相音），有移动上升、一代胜一代之意。新娘收到长辈的红包后，要回赠有挑十字花的"系身"，称为"还疼"。"还疼"按婆家长辈的辈分和亲近程度分为大小不同的档次，少则十几份，多则三四十份。罗泾有俗语"赶出嫁"，指的便是赶紧忙碌准备出嫁的挑花礼品。

除在婚俗中的广泛运用，其他诸如造房、生子、寿仪、墓葬等一切被视为人生大事的重要活动中，罗泾十字挑花都是不可或缺的。比如，妇女到了60岁，每年农历七月初七，小辈要为她绣制"狗花肚兜""狗花裤子"，以"压邪"，保佑长者健康长寿。

传统挑花绣的底布大多是土布，由家庭手工纺纱线制成，可见明显的纵横交织纹理。罗泾地区用土布制作的头巾基本都是棉线本色，讲究点的配以花纹——当地人讲用色线"游花样"，逐步形成罗泾民间代表性的十字挑花技艺。

十字挑花技艺的表现手法有鲜明特点：简洁抽象、程式化和俗成规范。

挑花常用三种基本针法：纵向的向前的"行针"，横向

十字挑花香囊、香袋

的向前的"绞针"，斜向的向前的针法，当地人称为"蛇脱壳"。三种针法根据需要择用，无论哪种针法，每针距离都保持一致，一般是压土布上的四根纱，而且要求正面全部成十字、反面成均匀的点状。十字挑花的操作看似简单，实则技艺讲究。花样并非事先画在土布上，而是放在旁边依样挑出来的。熟练工则不用参照样子，凭记忆或构思随手将图案挑出来，心里有形，手里就有工。

　　罗泾十字挑花的整体画面，基本上由"独立纹样"元素组合而成，显现出民族传统艺术的程式化。"独立纹样"像啥叫啥，名目繁多，据说有几十种，如八角花、六角花、喜

十字挑花枕套

十字挑花系列产品

字花、寿字花、八级花、栀子花、荷花、柏枝花、树叶花、攀藤花、腰菱花、灯笼花、鸟花、龙花、狗花、蝴蝶花等。挑花艺人巧妙组合十字纹样，构成造型各异的挑花样式，有的以动植物为题材；有的以挑花巧妙替代饰品，如在小孩肚兜上绣制百家锁，寓意避邪除害，保佑孩子平安；有的与当地民间习俗相关，比如《麦地藏龙》，描述朱氏三姐妹相救建文帝的故事；当然最多的是祈福驱邪寓意的图案，如喜、寿、比翼双飞、百子图等，寄托了妇女对家庭美好生活的祝福。

　　罗泾十字挑花在不同物品上的挑花部位也不尽相同，如头巾整体挑花，"系身钩"则"插角挑花"，衣服挑"领口围纹"，布裙挑前面的"贴列"，肚兜近脖子处挑三行，裤子裤脚管下部挑一圈，鞋子挑鞋面前部，包袱布四角挑小花、中间挑大花等。

十字挑花运用最广泛的妇女头巾，底色各有不同。周边罗店、月浦及以南用"里壳布"即格子土布，昆山用黑色土布，只有罗泾及相邻的华亭用本色土布。罗泾本地的兜头手巾在长期流行过程中，又逐渐形成针对不同人群的颜色范式——最为常见的白色布面是年轻妇女

十字挑花艺人传授技艺

所用，新媳妇一定要用绿色布，老年妇人常用深色土布，但无论何种颜色所挑的十字花样均为黑色。与头巾绣品不同，"系身钩"的图样一般挑于顶面的两个侧角，挑花用线颜色丰富，所以被称为"五彩挑花"，但一般并不应用于头巾绣品中。

还有个老规矩：初学挑花的人一定要用蓝线，据说可以

罗泾十字挑花技艺融入高级定制的手工花制作

把学的技术烂在肚皮里，学得快而且永远不忘掉。绝对不能用白线，不然是要白学的，不仅学的东西记不住，而且学会了也白学，有不吉利的意思。

罗泾十字挑花逃不脱时代的变迁。绣花曾是女人一生的功课，就像现在孩子到年龄一定要上学，生长在罗泾的女孩子到年龄还没学会挑花，长辈就要指责她"长大怎样吃人家饭"，意思是嫁不出去了。罗泾十字挑花传承人说："过去挑花是判断一个巧媳妇的尺子，不会挑花是要被笑话的。现在有钱什么都好买，会不会挑花没人在意啦。"

十字挑花技艺在当地一度濒临失传，带有罗泾十字挑花的"兜头手巾""系身钩"等物也所剩无几。2007 年 6 月，罗泾镇十字挑花被评为上海市非物质文化遗产。申报方收集到几十件挑花实物，也找到十多个能织善绣的传人。时至今日，身怀挑花技艺的人年龄大了，视力减退，难以重操旧业；年轻一代又难以认识传统工艺的真正价值，会挑花的寥寥无几，"罗泾十字挑花"的传承形势不容乐观。

海派名点"四喜风糕"

四喜风糕

江南素有食糕传统。"糕",谐音"高"——步步高,寄托了人们对未来美好生活的憧憬,故被视为"讨口彩"的吉祥物。在物质匮乏年代,糕因制作相对简单、易存储而进入千家万户。正如饺子之于北方人,在江南家家户户吃了糕才算过年。岁末年初，灶台蒸糕时弥漫的热乎乎的水蒸气，慰藉了多少归家游子的心。

罗泾从前偏僻落后，农民在繁忙农事之余，因陋就简做些点心充饥。与"苏式糕点"一脉相承的当地农家蒸糕"四喜风糕"，因在选料、用料、制作工艺、风味、生产经营上别具一格，为百姓喜闻乐见，享有"南点"美称。

罗泾"四喜风糕"承载着乡土风情的历史记忆。四喜，即新婚之喜、出生之喜、乔迁之喜和寿诞之喜。当地传统风俗给农家蒸糕赋予了追求美好的象征意义，使之成为百姓作为喜庆活动馈赠亲友的必备礼品。

新婚之喜："行盘糕"——年轻人结婚办喜事，新郎去新娘家"担嫁妆"，按当地风俗，要备彩礼，通常为一对公母鸡、一腿猪肉、一条"乌青鱼"、二"蒸"大糕等八样食物。这二"蒸"大糕俗称"行盘糕"，此糕为圆形，重达八斤，糕面铺满枣子、蜜饯、青红丝等，寓意甜甜蜜蜜、早生贵子。

出生之喜："定胜糕"——当地百姓有小囡出生，按风俗要"办酒水"和"发囡食"。有的在小囡出生的第六日办，俗称"六朝酒"；也有出生满一个月办的，叫"满月酒"；或者满两个月办的，叫"双满月酒"等。庆生酒除盛情款待应邀参加的亲朋好友外，还需赠送"红蛋"（染成红色的鸡蛋）和"定胜糕"等食物，俗称"发囡食"。传统的"定胜糕"

一般为元宝形，糕的中央点上红色牡丹花，寓意荣华富贵、吉祥喜庆。

乔迁之喜："满囤糕"——当地百姓造新房，将"上梁"（新房子屋顶正中的大梁入位）视为喜庆节点，大梁上须贴"福""禄""寿"三个字，并挂炮仗、万年青。上梁时，由身在屋顶的工匠"作头"燃放鞭炮，并将馒头和糕（谐音"满囤糕"）往下抛，主人在下面用"大系身"（围裙）接住，分发给在场观礼的亲朋好友，共享喜气。此风延续至今，并延伸到搬家的乔迁之喜，将抛"馒头糕"演变为分发"馒头糕"。"满囤糕"一般为圆形小糕，寓意丰衣足食、平平安安。

寿诞之喜："寿糕"——在罗泾地区，一直以来有给长辈拜寿送"寿桃寿糕"的习俗。相传王母娘娘过生日，寿宴上拿出蟠桃来招待各路神仙，这蟠桃三千年结一次果，只要吃上一口就能长生不老，所以桃就有了"长寿"的象征意义。于是人们纷纷效仿，在长辈过生日时送上鲜桃，希望长辈健康长寿。可是鲜桃有季节性，在没有鲜桃的时节，人们便把米粉做成桃形，蒸熟后送给长辈拜寿,俗称"寿糕"。这个风俗流传至今。"寿糕"为桃形，糕面铺"长生果"、红枣、核桃肉、红绿丝，内有豆沙馅，寓意红红火火、健康长寿。

从前，家家户户都会做"四喜风糕"。以当地优质稻米

"四喜风糕" 荣获 "上海市十大农家点心金奖"

为材，粳糯搭配，浸泡后沥干磨细成粉，加糖（红糖、白糖均可）水拌和，筛滤成料，装入模具，根据需要添加赤豆、红枣、桃仁及其他蜜饯，在笼格内蒸煮即成。工序并不复杂，但粉的细度、料的干湿度、辅料添加得是否合理、火候把握得是否适度，都需掌控得当，恰到好处。"四喜风糕"的制作技艺，经历了上百年的实践和发展，形成规范流程。每道工序自有章法，每个环节掌握严谨，在精制细造中生产的产品虽形状不一（各式圆形糕、花式型的定胜糕等等），使用辅料不同，口味也不尽相同，但色、香、味俱佳，且糯而不粘，味美爽口，老少咸宜。

而今，会做糕的罗泾人越来越少了，硕果仅存的制作者把他们的乡愁、乡情、乡韵都揉进了"四喜风糕"里。值得骄傲的是，几年前，在上海市农委和旅游委联合举办的"上海市农家菜大擂台比赛"中，

"四喜风糕"在 2016 "记忆中的宝山"非遗展示周展出

罗泾"四喜风糕"荣获"上海市十大农家点心金奖"，并被载入《海派农家菜 2》一书。

杨行吹塑版画

　　虽然被命名为"上海市非物质文化遗产"，但杨行吹塑版画并没有很长的历史可以追溯，而只是在 1987 年起对版画创作的材料和技巧研究过程中发展起来的。

　　版画作为间接性绘画，其特征与制作材料、工具有关，其

杨行吹塑版画

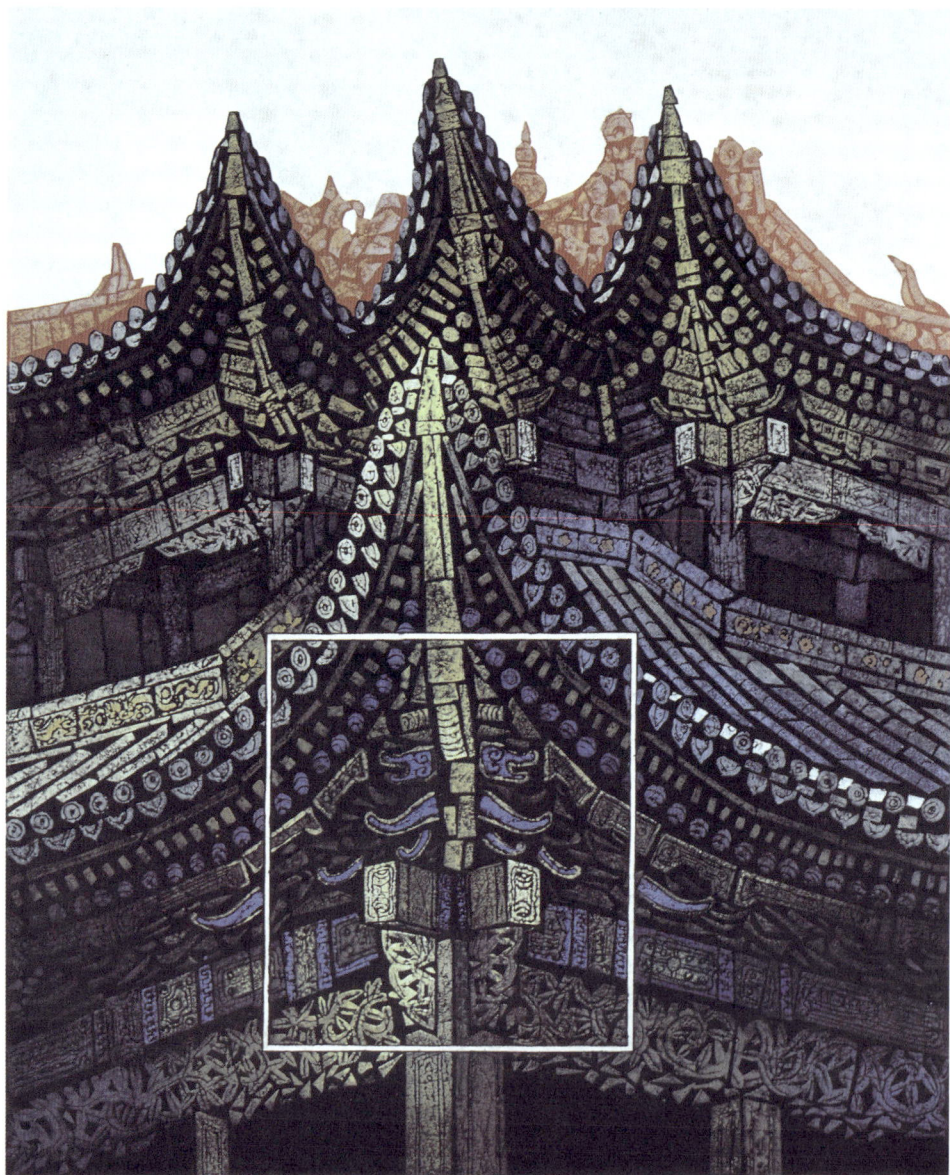

杨行吹塑版画

采用的手段和画面最终效果取决于材料。材料特性的不同，导致版画的基本面貌迥异。为突破传统材料对版画效果的制约，民间艺术家研究了各种材料，通过试验，发现吹塑纸可折、可刻、可切、可剪、可揉，为版画创作开辟了一个新天地。杨行吹塑版画汲取百家之长，制版沿袭剪纸、篆刻、木雕工艺，上色又与漆绘一脉相承，同时还借鉴了扎灯、十字挑花的方法，不求惟妙惟肖的逼真，注重整体意境的呈现。作为民间传统绘画的新载体，杨行吹塑版画摆脱了传统形式的制约，加入了现代人的理念和现代生活气息，焕发出新的生命力。

杨行的民间艺术家总结、整理了吹塑纸版画制作方法：

1. 起稿：因学生的造型能力比较弱，不可能直接在吹塑纸上刻画，可先拿容易修改的水彩笔在吹塑纸上轻轻起稿，等形画准了，构图也合适了，再进行下一步。

2. 刻画：拿笔在吹塑纸上刻，笔头可粗一些、钝一些，这样不易把吹塑纸划破，而且形成清晰的凹槽，印刷效果较好。吹塑纸版画适合表现略粗犷些的内容，不太适合表现细致的情节。尽量将线条刻画得深些，这样拓印出来的线条才能粗实、清晰。如需要不同的效果，可更换不同粗细的笔头，或刻画时调整笔头的角度。刻漏的话，要用宽胶带在背面粘牢。

3. 固定画纸：裁取比底版稍大的黑卡纸，覆在底版上。可用夹子夹稳印纸与吹塑纸版的一边，形成翻书状；也可将版

杨行吹塑版画

与纸直接粘牢在画板上，以便套色准确无误。

4. 印制：用油画笔或水粉笔，蘸上颜料，涂在吹塑纸上已刻画好的各个形内，每上一块色，就拓印一块，直至完成。要求涂色均匀且厚实，尽量不加水。如吹塑纸表面不易上色，可先用肥皂水擦拭吹塑纸，或在颜料里加点洗涤剂。尽量用亮一点的颜色，如有必要可加白色或黄色，因所用纸张是黑色的，产生的线条也是黑的，这样才能通过对比来突出线条。

杨行镇十分重视吹塑版画的创作。1987 年起，宝山区文化馆的龚赣弟老师就致力于吹塑版画群众美术创作的普及、推

杨行吹塑版画

广、发展工作。30年来，深入乡镇、学校、社区、监狱等基层
单位，举办了近千期吹塑版画创作辅导班，逐渐形成了杨行特
有的群众性的吹塑版画创作活动和创作群体，并建立了吹塑版
画创作基地。有3 000多人次参加吹塑版画创作，创作版画作
品4 000余件，其中450余件入选美展或获国际、全国、市一
级的奖项。在2001年文化部举办的全国"蒲公英奖"少儿书
画作品评选中，有两幅杨行少儿吹塑版画荣获银奖，占上海市
入选的五分之一、获奖的二分之一。由中华儿童艺术促进会选
拔参赛的2001年西班牙国际少儿绘画比赛、第30届捷克少儿

国际画展中，杨行吹塑版画入选和获奖数占上海市的一半以上。

引人注目的是，一些祖祖辈辈在农田里耕作的老妈妈，长年坚持参加创作班，经辅导，美术创作能力不断提高，多件作品入选第八、第九届全国美展和全国群星奖、全国版画展，不少作品被选参加在日本、德国、意大利及中国澳门、香港地区举办的美术展览，与专业画家同台，圆了普通农民的作品走进艺术殿堂的梦。还有一些作品被上海美术馆、上海市美协、深圳美术馆、《解放日报》等专业文化机构和个人收藏。

2000年，杨行吹塑版画被评为上海市"市郊百宝"，又荣获首届"中国文化遗产日"2006上海民族民间博览会"发展创新奖"，为"上海民间文化艺术之乡"杨行镇增光添彩。2006年，杨行吹塑版画正式进入上海市非物质文化遗产名录，吹塑版画的创作技法被收入全国九年制义务教育初中一年级美术教科书。

小小的杨行镇，已连续举办了十三届"中国现代民间绘画杨行年会"，邀请全国由文化部命名的"画乡"来宝山交流展出和研讨，为

宝山区文化馆副研究馆员龚赣弟

杨行民间绘画的继续进步博采众家之长。

大场花格榫卯

　　中国古代，有很长一段时间"盐铁私有"是不允许的，严格实行"盐铁官有"，所以铁钉一直没有进入建筑的主要材料之列。明清时期，铁钉已广泛应用，但造房子依然以榫卯为主。榫卯，几乎是建筑的灵魂所在。塔高 60 余米的山西应县木塔，整塔由榫卯结构制成，不费一根铁钉，创造了建筑史上的奇迹。

　　榫卯，是在两个构件上采用凹凸部位相结合的一种连接方式，凸出部分叫榫（或榫头）、凹进部分叫卯（或榫眼、榫槽）。利用卯榫加固，无论造房子还是做家具，几乎不必用钉子。在古代，中国建筑、家具及其他器械主要用的就是这种结构方式。这是古代木匠必备的基本技能，手艺高低就看榫卯——榫卯使用得当，两块木结构之间严丝合缝且极为坚固。

　　花格，按古人的说法，具有压邪的功能，那些富于祥瑞意义的图案寄托着民间美好的期许。数千年来，历代工匠在传承中摸索创新，形成了古典花格榫卯技艺的各种风格，体现在江南建筑上的工艺日趋完美，往往成为"点睛"之笔。

　　这一中国古代工匠大智慧的创造，在大场被传承并发扬光

大场花格榫卯

大，成就为大场花格榫卯。

　　大场花格榫卯技艺的佼佼者陈标，被选为宝山区非物质文化传承人。古人传下来的平面花格榫卯，到了他的手里，变成了立体花格榫卯。他用成千上万厚度仅 0.15 厘米的小木片，拼出人字格、万字格、龟纹格等花格，并与其他部件以榫卯装配成整体，创造出大场独有的花格榫卯技艺作品。更为创新的是，花格榫卯技艺被他运用于工艺品制作，工艺品选小叶紫檀、黄花梨和老红木为材，以微型的锯、刨、凿、刀为工具，以榫卯技法和多种专业技能为基础，融入绘画雕刻的艺术手段，创作出百寿瓶、百福瓶、福禄寿花格瓶等一批巧夺天工的作品。

　　这些作品的制作非常吃工夫——先要画好图纸，然后按照图纸做塑料模型，仔细计算尺寸，作为构件的一万多个紫檀木片都是一片一片锯出来、凿出来的。每件作品，要用掉 50 公

梅瓶

斤紫檀毛料，制成的成品仅 10 公斤重，可见要求之高、难度之大。百寿瓶、百福瓶从设计到完工，花了两年多时间。两件木瓶的花格都是人字格。百福瓶的瓶盖上，人字格中间雕着蝙蝠、仙桃、古钱组成的图案，意蕴吉祥；百寿瓶上则雕有牡丹花纹，意蕴长寿。瓶盖口打磨得十分光滑，木瓶的瓶盖和瓶身丝丝入扣，圆柱形的瓶身全部用紫檀小木片榫卯连接而成，人字格的花纹图案组成一个层次丰富、散发韵律美的紫檀花格大木瓶。在福瓶的人字格中间，雕有 100 个不同字体的"福"字；在寿瓶的人字格中间，雕有 100 个不同字体的"寿"字。两件作品，古朴凝重，典雅大气。1 米多高的木瓶，没有支撑形体的柱子，全靠那成千上万片的小木片用榫头连接，而整件作品却十分结实。

陈标工作室里的古典花格作品，有平面的屏风、横匾，有在圆柱形、方形、六边形等立体曲面上制作的古典花格艺术品，

福禄寿瓶

多姿多彩，美不胜收。福禄寿花格瓶，高72.8厘米，宽28厘米，六角形的瓶盖雕的蝙蝠图案纹饰清晰，瓶身整体由龟纹格组成，细看龟纹格，由一万多片仅1.5毫米厚的黄花梨小木片通过榫头连接而成。因榫卯连接天衣无缝、不留痕迹，乍一看还以为是雕出来的呢。整件作品纹格端庄、大气、典雅，更衬托出瓶的古朴凝重。这件作品，在2012年中国工艺美术大师作品暨工艺美术精品博览会上荣获金奖。项目的代表性传承人陈标，则在2015年荣获"上海市工艺美术大师"称号。他创立的"古典花格榫卯技艺"，被上海市经济和信息化委员会认定为"第三批上海市传统工艺美术技艺"。

　　然而，在科学技术飞速发展的今天，现代工艺层出不穷，钢筋混凝土摩天大楼拔地而起，复合板家具批量生产，使榫卯技艺显得如此的格格不入。年轻一代，谁还有耐心投入打磨天衣无缝的榫卯？慢工出细活精神与快节奏的实用主义是多么的背道而驰。中国榫卯的明天在哪里？

五百年宝山寺

上海名寺院、宝山最大的佛教寺庙宝山寺，由道观而佛寺，曾用名玉皇宫、梵王宫、宝山净寺，500多年留下几多逸闻。

宝山寺原址上的房屋，始建于明朝正德六年（1511年），开始并非庙宇，相传为唐姓人家的宅院。唐氏后裔施为佛观，中厅供奉佛像，真武阁供奉道教之神，真武阁西庑供奉先人

宝山净寺

宝山净寺山门

唐月轩的遗像。清乾隆二十七年（1762 年），唐氏后人曾
募捐重修殿堂。

乾隆五十年（1785 年），诗人范连游罗店，登真武阁，
赋诗："不到谈元地，今经二十秋。浮生闲半日，高阁得重游。
春水一溪游，晴烟小市浮。老僧同话旧，莲社几人留。"

　　清道光年间（1821-1850年），唐氏后人唐肇伯又募修全部殿堂。可惜，咸丰十一年（1861年）毁于兵燹，仅存真武阁。此后，岁月更替，寺院迭经兴衰，几近荒废。

　　清光绪初年（1875年），太仓南广寺僧人今涌行脚至罗店，见道观房屋颓败，景色凄凉，遂偕徒念方启动整修工程。从光绪五年（1879年）直至光绪二十五年（1899年），整整20年光阴，修葺各殿堂，并重建山门、朝房及后两厢房；翻修真武阁，建成为大雄宝殿；又创建祖堂塔院，并立石碑以志其事。重修后的道观，前为王灵宫殿，中为玉皇殿，后为玄帝殿，供奉释迦牟尼像、阿弥陀佛石像，正式改为佛寺，定名"玉皇宫"。一座完整的佛教寺院，宣告建立。

　　继僧人今涌之后，先后有僧念方、起雍、谛丰主持玉皇宫。1937年，谛丰往天台山国清寺学教听经，由师弟谛修当家。1949年后，慧宇法师为住持。

　　玉皇宫开放后，四方香客络绎不绝，白天诵经礼佛，早晚钟声镗然。每逢农历正月初九和七月二十的庙会，各庙抬神来为玉皇上寿，谓之朝皇，香火更为旺盛。

　　"文化大革命"期间，佛像被毁，僧人离散，玉皇宫被工厂占用，所幸三排房屋俱在，且整个建筑保持清代庙宇特色。1988年，上海市佛教协会修复玉皇宫，恢复为佛教活动场所。4月起大修，并将庙址向东扩大6.7亩，重建山门和西厢房，造围墙，砌石驳，11 月底竣工并易名。

　　新名称"梵王宫"，有什么出处呢？原来，北宋政治家、文学家王安石写过一首咏宁波天童寺的诗："村村桑柘绿浮空，春日莺啼谷口风。二十里松行欲尽，青山捧出梵王宫。"梵王宫山门题词，出自时任上海市佛教协会会长、玉佛寺方

梵王宫

宝山寺山门

藏经楼

大雄殿

丈真禅法师之手笔。梵王宫此时已改为静安寺下院，由从达法师住持。

1989 年 1 月 15 日（农历十二月初八）乃是释迦牟尼佛成道良辰，举行梵王宫落成典礼，正式对外开放。5 月 30 日，时任全国政协副主席、中国佛教协会会长赵朴初，专程往梵王宫礼佛，并挥毫题词："老有所终，大同理想。报众生恩，法老为上。如奉父母，如敬师长。美哉梵宫，不殊安养。"

梵王宫前殿按清代结构、后殿按明代结构修葺，建筑布置匀称。前殿西墙内竖立的石碑，是修建时从殿前挖出来的——除刻有弥勒佛像、额题"接引弥陀"及"上报四重恩，

天王殿前广场

下拔三途苦，若有见闻者，悉发菩提心"外，右下角书刻今涌和尚率徒念方修建经过，时间为光绪二十五年（1899年）己亥秋月。由大雄宝殿登上阅经楼，正是昔日名诗人相继登楼远眺、与老僧话旧、题词、赋诗之处。

1994年8月，梵王宫更名为"宝山净寺"，2002年10月又改为"宝山寺"。

现今占地30余亩的新宝山寺，是罗店老镇改造规划的一部分——2005年5月，紧邻原宝山寺，移地重建工程奠基；次年元月，打桩；造了五年，基本完工。2011年1月11日（农历十二月初八），宝山寺开山500周年移地重建落成暨全堂佛像开光庆典隆重举行。新宝山寺总建筑面积约12 000 平方米，规模居沪上佛教寺院之首。

现任住持世良法师，以经营文物的心态，主持重建工程。当他如数家珍般介绍寺院传统伽蓝纵轴式布局、晚唐宫殿式建筑风格、以非洲红花梨纯木榫卯构造，指点山门、天王殿、钟楼、鼓楼、大雄宝殿、观音殿、药师殿、伽蓝殿、祖堂、藏经楼、法堂、方丈室、斋堂、僧寮及塔、阁、楼、台、水榭、水池、牌楼等设计中那些经得起推敲的细节，人们可以想象宝山寺往后五百年将有怎样的新辉煌。

萧泾寺传说

萧泾古寺正门对联，记录传说

罗泾镇有古庙萧泾寺，据称大有来历，发生过举世闻名的历史事件，留下了曲折离奇的传说。

传说原名"褒忠寺"的萧泾寺，是梁代梁武帝萧衍（464—

梁武帝萧衍画像

549）建造的家庙。萧衍是汉相萧何的第24代孙，因此家庙正殿供奉萧何的神像。刚从海边滩涂变成陆地，当地民间多灾多病，缺医少药，百姓有病烧香求神，所以同时供奉神医华佗的褒忠寺香火渐旺。

宋代，寺庙重修扩建，拥有了5048间房屋，气势恢宏，富丽堂皇，正式挂上"萧泾寺"匾额，号称"沿长江七十二寺之首"。

元王朝覆灭，朱元璋登上帝位。方圆百里首屈一指的萧泾寺，香火旺盛依旧，成了僧人们神往的去处。

这天，来了一位气度不凡的"和尚"，方丈以礼相待，万万没料到，他竟是当朝天子朱允炆！身为明开国皇帝朱元璋的长门长孙，他

明成祖朱棣画像

昔日遗留下来的大石柱墩，又大又重，八个男子汉也抬不动

在祖父离世后即位，当皇帝不到四年，即遭遇燕王朱棣发起的
"靖难之乱"。大难不死的建文帝扮成僧人，逃到萧泾寺藏身。

后来，朱棣派出大队人马搜过来，将萧泾寺团团围住，掘
地三尺未找到朱允炆，便下令放火烧寺。5048间木结构房子
葬身火海，朱允炆却依然活着。原来，萧泾寺方丈备好干粮和水，
让他藏在寺内大殿的香炉内。火势退后，他趁夜深从暗门逃走。
据说还有"若要此门开，待等建文来"的偈语。逃亡途中，他
曾得到三名朱姓农家姐妹的掩护。朱棣的精兵强兵没在烧毁的
庙里找到朱允炆的尸体，又分几路四处追查，一直追到茫茫大

海边，看见一艘帆船远去，只好打道回府。

朱棣登上帝位后的永乐三年（公元 1405 年），以郑和为首的船队带着寻找朱允炆的密令，从萧泾寺北侧刘家港出发，出海远航，沿途探听朱允炆去向，却找不到任何线索。眼看粮草将断，银两所剩无几，只得返航。为讨好朱棣，他们在归途中收购了各地的奇珍异宝和土特产。虽然没打听到朱允炆下落，这些额外收获却使永乐帝大开眼界，从而悟得对外通商的意义。他命令郑和再次远航，这才有了七下西洋的世界航海史上的伟大创举。

永乐十三年（1415 年），景岑和尚在原址重建萧泾寺，尽管规模无法跟原先的比，但还是供奉萧何老爷和华佗神医，所以香火依然旺盛。香客们时常谈论萧泾寺的过去，也谈论朱家三姐妹为救朱允炆丧命的事。久而久之，竟衍生出三姐妹魂归皇宫，与建文帝团圆的离奇情节。朱家族人对此尤为认同，从此称三姐妹为“千岁娘娘”，后人更是将“千岁娘娘”视为朱姓家族的荣耀。明朝灭亡后，清王朝建立，乾隆皇帝追谥朱允炆为“恭闵惠皇帝”，朱家人祭祀“千岁娘娘”的活动才敢公开化。他们举办了三姐妹的“落葬”仪式，重修了三姐妹坟墓，为三位“千岁娘娘”分别建庙立祠，又把各家各户为“千岁娘娘”做忌日的活动纳入庙会，并成了当地习俗。

远去的传说，莫辨真假。而这里曾经辉煌，却得到出土文

药师道场

物的印证。

　　2015 年，罗泾镇萧泾寺在挖土建房过程中，出土了大量
陶瓷残片，均为胎釉粗疏的隋唐瓷和元、明、清民窑瓷。次年，
市文管委专家到萧泾寺，从出土残片中挑选了部分比较具有朝

代特征的，鉴定认为：

一、隋唐残片不多，残片特点为胎质像沙粒，釉质有些已脱落，其中两件为露胎平底残片。

二、宋朝残片较多，其中一件黑釉茶盏，釉色晶莹滋润，一件宋青釉的釉面有纤细的刻画纹，这两件为典型宋朝特征。

三、元朝一件器底书写"福"字的款式，字迹大而且书写豪放，时间最晚到明初洪武时期。

四、明朝多为青花瓷器，数量也多，纹饰粗放流畅。其中一件碗底用青花署"大明嘉靖年制"款，为明嘉靖民窑特征。另有几件底有双圈的残件，为明末清初特征。

五、清朝的青花残片，除了纹饰流畅外，一件器底有青花小方形的纹样为清朝一种器底的纹样特点。

六、对隋唐残片出现在萧泾寺的分析：宋朝使用唐朝瓷器的可能性不大，很有可能萧泾寺始建的时间远早于有史料记载的宋朝。《宝山文博》2003年第一期中《肖泾寺的传说》一文言"肖泾寺，镇北朝一图，相传梁代建寺，至今柱石尚存"，值得深入研究。

2017年，市文管委安排了专业勘察队对萧泾寺周围进行深入勘察，期待有进一步的新发现。

张庙一条街

上海从1951年造全国第一个工人新村——曹杨一村开始，建成大大小小工人新村200多个，近60万工人及其家属搬进新居。其中的"张庙一条街"，在1960年代成为全国有名的工人新村"样板"。

"张庙"名称的来历，据张庙街道办事处网页显示，有三个版本：

张庙一条街

其一，宋庆龄女士见此地东面为张华浜、西面为庙行，取两地第一个字联为"张庙"而得名。

其二，新泾沿吴淞江有个地方叫虞姬墩，是楚霸王项羽爱妾虞姬的衣冠墓，因此楚霸王的阴魂一年一度要从吴淞江来会虞姬，其时吴淞江就掀起大潮，汹涌澎湃，泛滥成灾，人们称之为"霸王潮"。后来沿江百姓就兴建了一批庙宇，奉祀汉代打败楚霸王的将相们，借以吓退霸王。让善于用兵的张良当头阵，庙就建在张庙街道今天所在的区域内，取名"张庙"。

其三，民国 27 年（1938 年）11 月，日本侵略军在淞南肇家浜强占土地 50 余亩，建日亚钢业株式会社（上海第一钢铁厂前身）和大上海瓦斯株式会社（吴淞煤气厂前身），并辟筑

张庙一条街上的工人住宅

公路一条，初名张庙路，1943 年后马路延伸为大上海路，1959
年改今名长江西路。当时，张庙除了这条路，其他地方几乎就
是一片农田，有几十户人家住在西新桥边。

　　1956 年，吴淞被列为扩散上海市区工业和疏解市区人口
的近郊工业区之一，启动新一轮开发。这年国庆节前，一个好
消息不胫而走：张庙路
西边要盖工人新村了！
很快，田里的农作物被
拔除，土地被平整，西
新桥旁的住户搬走了，
数十间破屋被夷为平地。
工人们翘首以盼，参观
过曹杨新村的人猜想着，
"大概就是像曹杨新村
那样的房子吧！"

　　主持规划张庙一条
街的，是上海市民用建
筑设计院总建筑师陈植、
汪定曾。两位大家设计
理念超前：路面宽 50 米
（当时上海市最宽街道），

陈植（左）和梁思成（右）在宾大

陈植指导青年学生

汪定曾

6车道，机动车道旁有宽敞的步行便道；街心花园、喷水池等道路小品随处可见。为确保景观效果，所有电线都走地下管道。道路两侧绿树成荫，沿街底层为商店、楼上为住宅。住宅内铺设木地板，有阳台、壁橱，仿苏联式的宽敞卫浴设施及民族风格小阳台……出自陈植、汪定曾手笔的"闵行一条街""张庙一条街"建成后，迅即成为反映社会主义建设速度和建筑面貌的楷模，全国各地纷纷效仿。

负责张庙一条街施工的，是上海第一建筑工程公司一〇二工区第六大队。秋风一阵紧似一阵，冬天很快到来了。在滴水成冰的严寒中，一分钟吊装一块钢板，24个工人一天砌砖48 000块，市建六大队屡破行业纪录。

每逢周末和假日，虹口、杨浦和闸北的千余学生、社会青年，纷纷到现场参加义务劳动，为这条"社会主义新型大街"添砖加瓦。

1960年2月24日，张庙一条街12家商店对外营业，并接待中外来宾参观。就是说，不到100天就完工了。

3月15日，时任国家副主席宋庆龄，在上海市副市长曹荻秋、市妇联副主席沈粹缜等陪同下，到吴淞工业区畔视察。看完西新桥东的大型冶金企业，宋庆龄一行又去看桥西的张庙一条街，参观了街旁的瓷器商店、皮件商店和飞马画廊，还访问了刚搬入泗塘新村的上钢一厂铸钢工人潘阿玉、朱德康等家庭。阳光明媚，走过一幢幢淡红的、奶黄的、果绿的和白色的沿街楼房，宋庆龄禁不住对身边的曹荻秋说道："这里是个工业区，但是环境很美很安静，空气这样好，很像一个疗养区！"传说中的她为张庙命名，如果是真的，会是这次吗？要是那时候这条路还没有一个正式名字的话。

张庙一条街建成后，新闻媒体争相采访。1959年12月23

1960 年 3 月 15 日，国家副主席宋庆龄视察张庙一条街

日《新闻日报》报道《半年前一片荒地　看今朝高楼成群／吴淞张庙路上出现新型街道／住宅、商店、公共福利设施齐全，各有新颖风格》，1960 年 1 月 26 日《新民晚报》报道《95 天建成又一条社会主义大街／张庙一条街盛装迎春》，1960 年 3 月 18 日《人民日报》、3 月 17 日《解放日报》《文汇报》《新闻日报》共同报道《宋庆龄副主席视察上海新工业区和

张庙一条街纪念碑

人民公社》，1960 年第 10 期《中国建设》（英文版）报道
《Changmiao:Embryo of a Satellite Town》（张庙：卫星城
镇的雏型），1972 年 3 月 5 日《人民日报》报道《上海张庙一
条街》。名画家吴青霞创作了国画《张庙一条街》。1960 年代，
《小足球队》《宝葫芦的秘密》等影片在张庙地区取景、拍摄。
1982 年，李惠康作词、潘祖德记谱、越剧名角陆锦娟作曲并
演唱了越剧开篇《我爱张庙好风光》。

　　坊间流传一句话："北有张庙一条街，南有闵行一条街"。
当时，彭浦新村的居民还只是宝山县的城镇户口，而张庙地区
的居民却都是城市户口。除了路途偏远外，宽阔的马路、成排
的绿荫、整齐的楼房、方便的煤卫，都让市中心城区居民羡慕
不已。1980 年代末之前，张庙一条街风光的时候，市中心的年
轻人都会相约骑车到宝山，逛逛张庙。统计显示，从 1962 年
至 1980 年，"张庙一条街"接待了来自 100 多个国家和地区
的贵宾 10 多万人次。

日本模式催生宝钢

　　1977年10月，中央领导人看了日本人赠送的一部电影专题片，说的是新日铁公司通过重组，引进美国、西欧技术，加以消化提高，成为世界第一钢王的经历。日本靠引进先进技术，在短短15年内，钢产量猛增到1.19亿吨，达到中国的5倍！这一奇迹，启迪了中央领导的思路。

　　就在同时，冶金工业部副部长叶志强到中南海，向中央政治局汇报访日见闻，讲到两个刺激中国人的细节：

　　一是日方请客吃饭，中方人员拿了服务员送上的易拉罐啤酒、饮料，不知怎么打开。"鬼才知道日本人竟能把钢铁轧制得像纸一样薄，还印上了彩色图案。那个罐头，日本人用手指一拉就开了，所以叫易拉罐。"叶志强说，"我们的铁皮罐头是焊制的，要用特制的锥子才能撬开"。

　　二是日方安排参观八幡厂，奉命随行的中国驻日机构人员按外交部规定乘坐悬挂国旗的中国轿车。车队在高速公路上疾行，中国车怎么也跟不上前面的日本车，冒险加速后索性抛锚了，中方人员只得坐到日本车里，中国车让人家的清障车给拖走。"心里真不是滋味啊!"叶志强又做起了中日对比,"大使馆的车是我们最好的轿车了,面板用的是热轧钢板,既厚又重还要生锈,涂漆后光洁度也不好;而日本用的是冷轧板,酸洗、镀锌、电烤漆,轻盈、透亮……"

中央领导被震撼了。岛国日本,没有铁矿、煤矿,就连石灰石也要靠进口……却造出了那么优质的钢铁!

当时,中国正准备立足国内发展钢铁,在冀东建设一座年产 1 000 万吨的中国最大钢铁基地。受了日本钢铁的强刺激,偏于保守的思维才开始转向,蓝图中"十大钢铁基地"之外的宝钢才从无到有。

中方花了一年多时间,与新日铁公司酝酿技术引进,从询价、报价直至签订合同,谈判 1.3 万多场次。深入接触、充分沟通后,国务院研究决定:仿照日本模式,在上海新建一座总投资近 300 亿元,年产钢、铁各 600 万吨的世界级水平大型钢铁企业。随后,进行了多轮厂址筛选,最终定址在上海北边的宝山区,命名为宝山钢铁厂。

1978 年 12 月 23 日,与中共十一届三中全会公报发表同一天,建设宝钢的工地上打下了第一根桩。第二天的《解放日报》,头版整版刊登《中国共产党第十一届中央委员会第三次全体会议公报》,二版则整版刊登宝钢工程开工打桩的消息和社论《新的起点》。宝钢,这一当时中国投资最多、规模最大

1978 年 12 月 23 日，宝钢工程动工典礼隆重举行

并且全套引进国外设备的头号工程，成了改革开放新起点的写照。

在百废待兴的 1970 年代末，耗资巨大的宝钢工程可谓万众瞩目。何况引进的又是日本全套工艺技术和生产设备，难免受到思想保守者的质疑。"我们上了日本人的当""上海一无

1978 年 12 月 23 日，宝钢高炉工地打下第一根钢管桩

矿石，二无煤炭，全部依靠进口矿石，就等于外国人始终掐住了宝钢的脖子"，诸如此类反对的声音一直没断过。1979年，宝钢打桩中出现位移问题，正逢全国经济调整开始，就有人提出：这里地质差，宝钢整个工厂会不会滑到长江里去？

要宝钢下马的舆论，在1980年9月的五届全国人大三次会议上形成浪潮，当时的冶金部长为此受到严词质询，甚至有人发言中说："宝钢决策者是千古罪人，应该从楼顶上跳下去！"1980年冬天，这个与上海经济生死攸关的重大工程陷入瘫痪。

国家十几个部委领导聚集在上海开长会，论证宝钢下马。会上，国际土木桥梁一代宗师、宝钢顾问委员会首席顾问李国

宝钢建设初期，邓小平视察宝钢，预言："历史将证明，建设宝钢是正确的。"

邓小平为宝钢题词

1985 年 9 月 15 日，宝钢一号高炉点火仪式隆重举行

宝钢在共和国改革开放的壮丽画卷中书写了浓墨重彩的华章，2016年12月与武钢合并，更名为宝武集团

豪挺身而出，说道："宝钢的上马与下马，应该先论证后决策。而现在先说下马，再来论证，这是不对的。"他以丰富的专业知识和实践经验断言：只要采取适当措施，位移问题无碍大局。会后，上海市委常委、宝钢党委书记陈锦华以个人名义上书高层，"宝钢建设如何下？是叫下马好，还是缓建好？如果不作下马处理，而叫缓建，即在国家给宝钢安排下马必不可少的开支金额内增加几千万元，让宝钢缓中求活。这对于稳定队伍情绪，对于今后的建设，以至对于国内外的影响都是有利的。"18位宝钢顾问委员会高级专家达成一致意见：宝钢工程"不上大损失，续建不损失，越拖越损失"，只有"缓中求活""退中

思进"是上策，分期建设后先把一期工程搞上去，反对宝钢工程"下马"。

1981 年 8 月，宝钢一期工程"起死回生"，投资建设也开始分步进行。

后记

　　"海派文化地图"丛书的第一推动力来自中共上海市委关于制定"十三五"规划的建议，其中明确提出要"弘扬海派文化品格……基本建成国际文化大都市"。

　　2017 年 12 月，中共上海市委书记李强提出："丰富的红色文化、海派文化、江南文化是上海的宝贵资源，要用好用足，大力发展有竞争力和影响力的文化产业。"

　　2016 年 1 月，在上海市政协十二届四次全会上，柴俊勇委员的提案《关于弘扬海派文化品格，加快建设上海国际文化大都市的建议》被《新民晚报》以通栏标题"让海派文化也做到全球连锁"发表。"海派文化地图"丛书自此起步。丛书按区分卷，分别介绍 16 个区的海派文化资源特色和与海派文化有关的知名人物，故称之为地图丛书。

　　2016 年 9 月，在上海市政协文史资料委员会和虹口区政协共同主办的海派文化传承与发展研讨会上，市政协副主席高小玫深入阐释了海派文化的内涵、形成和特征，以及海派文化对于上海城市建设和弘扬上海城市精神的重要意义。会上"海派文化地图"丛书举行了启动仪式。

上海的海派文化之热，起于新世纪初。2002 年 6 月，上海大学"海派文化研究中心"成立，主任李伦新，副主任方明伦。2003 年 11 月，上海交通大学"海派文化研究所"成立。熊月之教授任所长，戴敦邦教授任艺术总监。纵观新中国的上海媒体，谈及海派文化的有 7 000 余篇，颇有声势。新一轮的高潮，起于 2015 年的虹口。在上海文化发展基金会支持下，虹口设立了"海派文化发展专项基金"，两年后建起了"海派文化中心"。

与上一轮相比，今天的海派文化旋风更加务实。上海市社团管理局登记在册的"海派"社会团体 10 余家。上海工商局登记的以"海派"命名的企业有 30 余家，几乎涉及各行各业。

与此同时，各类关于"海派文化"的学术研讨会、论文集及主题活动等层出不穷，微信公众号"海派文化"、以"海派文化"为主题的时尚杂志《红蔓》等亦流行开来……

2016 年末，上海市政协召开优秀提案新闻发布会，《关于弘扬海派文化品格，加快建设上海国际文化大都市的建议》被评为优秀提案。海派文化再次被沪上媒体广泛关注。不少媒体都以"海派文化地图"丛书为新闻眼，踊跃报道。

"海派文化地图"丛书得到了各方面的大力支持。在中

共虹口区委的两任书记吴清、吴信宝的关心下，丛书得到了"上海文化发展基金会海派文化专项基金"的支持，浦东、黄浦、杨浦、崇明政协迅即行动起来，知名作家、高级记者纷纷加盟参加创作；浦东、黄浦、杨浦、崇明政协行动迅速，率先完成相关分卷的编撰。编委会主任吴清（现为上海市副市长）等领导参加的四书首发，成为 2017 年上海书展的亮点。

"海派文化地图丛书"宝山卷在编著过程中得到了宝山区政协领导的重视和大力支持；政协主席丁大恒主持宝山卷编著启动会议，秘书长李明参加；政协副主席张晓静主持召开选题策划会，丁顺强副秘书长及一批宝山老法师参加；调研员郭廷育还带着作者和编辑部同志，专程到罗店、罗泾等地深入调研采访；政协还指派专人配合作者采写；区政协精心做好宝山的海派文化资料收集整理，几易其稿，汇编成册。感谢政协钱帼婷、档案局谭雪明、文广局陈贤明、旅游局胡昌龙、电视台徐祖达、文保所田小燕、图书馆江晔、月浦文化馆刘杜芳、宝钢史志办曹爱红……为本书的采写提供了不少线索。

我们在编撰中说得最多的一句话："要用海派文化的精神来编撰'海派文化地图'丛书。"说的就是"海纳百川"，感谢来自宝山方方面面的支持，没有各位的支持，不可能完成宝

山卷的编撰。无百川相汇，何以成海？

执行总主编　浦祖康

2018 年 7 月